本书由江苏大学专著出版基金资助

中国
风电产业的演化与发展

王正明　著

THE EVOLUTION
AND
DEVELOPMENT
OF CHINA'S
WIND POWER INDUSTRY

图书在版编目(CIP)数据

中国风电产业的演化与发展/王正明著. —镇江：江苏大学出版社，2010. 11
ISBN 978-7-81130-192-2

Ⅰ. ①中… Ⅱ. ①王… Ⅲ. ①风力发电—电力工业—研究—中国 Ⅳ. ①F426. 61

中国版本图书馆 CIP 数据核字(2010)第 216449 号

中国风电产业的演化与发展

著　　者/王正明
责任编辑/段学庆
出版发行/江苏大学出版社
地　　址/江苏省镇江市梦溪园巷 30 号(邮编：212003)
电　　话/0511-84440890
传　　真/0511-84446464
排　　版/镇江文苑制版印刷有限责任公司
印　　刷/丹阳市兴华印刷厂
经　　销/江苏省新华书店
开　　本/890 mm×1 240 mm　1/32
印　　张/7. 25
字　　数/188 千字
版　　次/2010 年 12 月第 1 版　2010 年 12 月第 1 次印刷
书　　号/ISBN 978-7-81130-192-2
定　　价/22. 00 元

前　言

人类社会的发展正面临着日益严重的能源短缺和环境破坏等问题，可持续发展、清洁发展已成为时代的共识。与传统能源相比，风能作为一种在全球范围内广泛分布的清洁、永续能源，其有效利用不仅可以摆脱对不可再生的化石能源的依赖，化解常规电力燃料短缺风险，保证发电成本的稳定，而且可以从根本上解决常规能源发电所带来的硫、粉尘、碳排放等环境破坏问题。从技术角度来看，目前，风力发电已成为世界上公认的、除了水电之外最具有大规模商业开发价值的可再生能源利用技术。因此，风力发电作为有效减缓气候异常问题、提高国家能源安全性、促进低碳产业经济增长的有效方案，得到了各国决策部门、投融资机构、技术研发单位以及项目开发商的高度青睐，风力发电已经成为世界众多国家可持续发展能源战略的重要组成部分。

近年来，国内外风力发电的发展速度大大超出了人们的预期，增长惊人。据统计，在过去 10 年中风力发电装机容量年平均增长率达到 28%，2008 年底，全球风电装机容量累计达到12 118.8 万千瓦，2009 年末，全球风电累计装机容量突破1.5 亿千瓦，达到 15 921.3 万千瓦。我国具有丰富的风能资源，陆地及近海风能资源的技术可开发量保守估计在 10 亿千瓦。近年来，我国政府高度重视可再生能源产业的发展，相继出台了以《可再生能源法》为核心的一系列促进风电产业发展的政策法规，风电装机容量出现了“爆炸式”的增长。截至 2009 年底，我国累计风电装机容量在经过连续 4 年的翻番之后已达到2 580.53 万千瓦，在世界各国的排名中提升到第 2 位。随着风电装机容量的扩张，我国风电设备制造业的发展也是异军突起。到2007年底，我国风电制造及相关零部件企业已经达到100多家，2008年国产风电设备累计装机容量占国内风电市场的份额已经超过了60%。这些数据表明，我国风电产业已经开始进入规模化发展的新阶段，不仅风电市场容量得到极大扩展，形成了全球最大的风电市场，而且风电设备制造技术的引进、消化吸收和再创新的速度不断加快，全球重要风电设备制造基地的雏形已经形成。然而，我国风电产业发展也正面临着一些风险和挑战，其中风电设备制造业的国际竞争能力还十分薄弱，关键技术受制于人是其缺乏竞争力的最主要的方面。因此，在中国风电市场已经打开，巨大的市场潜力正吸引国内外投资者展开激烈竞争和角逐的情况下，研究我国风电产业链培育、发展的路径与对策，特别是探索我国风电设备制造业如何建立强大国际竞争能力的机制和途径，就显得特别重要。

我国风电产业的发展面临着风电投资成本与收益不对称的矛盾。运用成本收益分析方法建模分析表明，目前制约我国风电产业持续健康发展的经济问题主要有两个方面：一是风电投资成本相对较高，制约着风电投资价值的提高；二是风电价格相对较低，不能吸引社会资金的广泛参与。在风电投资成本构成因素中，风电设备价格和融资费用影响最大，是成本控制的主要因素。因此，要解决风电投资成本高的问题，就要从提高风电设备国产化水平，完善风电投融资体制等方面进行扶持，并有效整合风电产业链资源、提升风电产业价值层次。只有加强风电产业链的培育和支持，才能降低风电设备价格和风电投资的成本。而解决风电价格相对较低的问题，则要以解决常规电力外部效应内部化为核心，逐步完善风电价格形成机制，提高风电投资的价值。

我国风电产业链的发展空间巨大，具有充分发挥风电设备制造规模效应的潜在优势。基于Logistic模型和学习曲线构造的风电产业演化模型仿真分析表明，我国风电产业链的发展前景广阔:一是在今后几十年(2030年之前),我国风电装机容量都将保持较高的综合增长速度,风电市场持续扩张能力很强;二是风电设备制造业发展潜力巨大,如果仅满足国内风电市场的需求,那么我国风电设备制造业在短期内就有条件形成规模效应,大幅降低风电设备价格;三是随着学习效应的发挥,我国风电投资成本还有很大的降低空间,从而大大增强风电产业的市场竞争力。

促进我国风电设备制造业的发展,需要加强保护和选择恰当的培育模式。与世界先进水平相比,我国目前的风电产业,特别是风电设备制造业,其技术水平还处在相对落后的地位。面对风电设备制造大国激烈的竞争,以适度关税措施为例的风电设备制造业保护的博弈分析模型表明,对于风电设备制造业这样一个新兴的幼稚产业,建立必要的和适度的产业保护措施是十分重要的。在风电设备制造业发展模式的选择上,恰当的产业链培育模式对我国风电设备制造业的发展影响很大,我们应在发展中更加注重提升产业创新能力,坚持引进消化与自主创新的有机结合,避免走"用市场换不来先进技术"的老路。

合理的风电价格应能准确反映风电成本构成与需求变动情况。通过对风电价格形成机制的分析可以发现,实质上风电价格的形成更具有市场化的基础,但现实中又不具备完全市场化的条件,关键是与风电形成竞争关系的常规电力在现实中尚未将外部成本内部化。从优化我国风电价格形成机制上看,常规电力外部成本内部化是形成合理风电价格的关键,价格补贴是现行合理风电价格形成的现实途径,市场化管制比直接行政管制更具有优越性。风电价格形成机制的优化,应变"招标定价"为"招标定商",继续完善特许权招标规则,统一风电项目优惠政策,建立与化石能源稀缺程度相联系的长期的电价联动机制,并继续完善影响风电价格形成的配套政策和措施。这不仅需要从国家战略、产业政策的高度作出科学规划,而且需要从配套制度、服务体系以及市场制度等方面不断进行完善;这不仅需要理清风电产业链发展的纵向和横向关系，及时解决产业发展中存在的问题，还需要把握风电产业演化的规律，建立起有利于风电产业链成长和发展的强有力的保障机制。

由于风电产业链之间技术关联程度大，资产专用性强，因此风电产业链的线性结构明显，一个环节的负外部性都有可能危害整个产业链，再加上处在快速扩张时期的风电产业规模经济性明显，风电产业链的整合势在必行，尤其是在风电产业分化发展到一定程度以后，前瞻性地建立与产业整合相适应的机制和经济规制政策就显得十分重要。

展望我国风电产业的发展，其成长空间和市场潜力是十分巨大的，我国风电产业在未来几十年中还将保持较快的增长速度，完全有可能成为新的世界风电龙头。但是，一个新兴产业的发展会受到种种不确定性因素的制约，从发生概率上虽然可以预测其成长和发展趋势，但谁也无法准确预知其未来。因此，本书的研究只能说是为以后的深入探索做了一些基础性的工作，许多风电产业链发展中的新问题，尤其是风电产业链进一步整合和演化问题，都非常值得我们继续深入研究探讨。

目　录

1 导 论

随着低碳经济发展模式的进一步推广和可持续发展理念的逐步形成，开发可再生能源已成为人类社会缓解能源与环境压力的大势所趋。风力发电所依赖的风能资源是一种广泛分布的清洁、永续能源。与传统能源相比，风力发电不需要外部矿石资源的支持，既没有燃料价格风险，又没有碳排放等环境成本，发电成本稳定，是一种典型的环境友好型能源利用方式。近年来，随着风力发电技术的不断进步，特别是大型并网风电技术的成功推广，风力发电已经成为在所有可再生能源中除了水力发电之外，世界公认的、最具有大规模商业开发价值的可再生能源利用项目之一。因此，风力发电作为全球目前最有效的减缓气候变化、提高能源安全、促进低碳产业经济增长的方案，得到各国政策制定机构、投融资机构、技术研发机构、项目开发商的高度重视。目前，世界主要发达国家以及许多发展中国家都已经将发展风能、太阳能等可再生能源利用作为应对新世纪能源和气候变化双重挑战的重要手段。

近年来，风力发电的发展速度大大超过了人们的预期，其增长速度惊人。根据全球风能理事会(GWEC)的统计，过去 10 年中大型风电装机容量平均年增长率达到 28%，2009 年底，全球装机总量累计达到 15 921.3 万千瓦，平均每年新增超过 2 000 万千瓦，每年在该领域的投资额达到了 200 亿欧元。

我国风能资源储量居世界首位，保守估计的可开发装机容量就达到 10 亿千瓦。同时，中国政府也十分重视风力发电产业的培育和发展，在"十一五"发展规划部署中就将开发新能源作为重要的战略环节，并将风力发电作为改善能源结构、应对气候变化和能源安全问题的重要技术予以扶持。2006 年颁布并实施了中国历史上第一部《可再生能源法》，随后陆续出台了一系列与《可再生能源法》相配套的法规。这些政策措施的落实极大程度上推动了中国风电产业的发展。2006—2009 年我国（除台湾省外）累计风电装机容量连续四年翻番，2008 年超过 1 000 万千瓦大关，达到1 201.96万千瓦，2009 年，我国（除台湾省外）新增风电装机10 129台，新增装机容量达 1 380.32 万千瓦，超过美国，排名世界第一。与 2008 年当年新增装机 615.37 万千瓦、累计装机 1 201.96万千瓦相比，2009 年新增装机增长率达 124.3%，累计装机增长率达 114.8%，连续第四年翻番。参照全球风能理事会对全球风电装机的统计数据，2009 年底我国（除台湾省外）累计风电装机容量为 2 580.53 万千瓦，世界排名由 2008 年的第四位上升到第二位。中国已经进入风电产业大发展时期，成为全球最大的风电市场之一。

我国风电市场的扩大直接促进了国产风电设备制造业的发展。近年来，国产风电机组装备制造能力得到大幅提高。据不完全统计，至 2007 年底，我国风电制造及相关零部件企业达 100 多家，在当年风电的新增市场份额中国产设备占 55%，比 2006 年提高了 10 个百分点；2008 年国产风电设备的新增装机容量市场份额进一步提高，达到 75.4%，累计装机容量市场份额首次过半，达到 61.6%；2009 年风电机组制造市场集中度更是明显提高，华锐、金风、东汽保持市场“三甲”位置，新增装机容量占市场的 59.7%。同时风电设备制造规模效应开始显现，风机单位千瓦报价已从 2007 年 6 800 元降至 5 000 元左右。此外，2009 年国产风机开始走出国门，总计出口 20 台，共 287.5 万千瓦。在风电开发建设方面，我国已经建成 200 多个风电场，掌握了风电场运行管理的技术和经验，培养和锻炼了一批风电设计和施工的技术人才，为风电的大规模开发和利用奠定了良好的基础。经过多年努力，当前我国并网风电已经开始步入规模化发展的新阶段。

但是，中国风电产业的迅猛发展并不能掩盖产业自身发展所面临的巨大风险和挑战，特别表现在风电装机容量超高速增长与风电设备制造业的国际竞争力薄弱的矛盾将长期存在，并将严重制约我国风电产业链的延伸和产业带动效应的提高。中国风电市场已经打开，巨大的市场潜力吸引着国内外投资激烈竞争、相互角逐，如何在开放的经济格局下培育、建立和完善我国的风电产业链，特别是建立起具有强大国际竞争力的风电设备制造行业，这就要求我们既要从国家战略、产业政策的高度作出科学规划，又要从配套制度、服务体系以及市场制度等方面填补空白，加强管理；既要立足于理清目前风电产业发展中的各种关系，及时解决发展中存在的问题，又要从长计议，建立起有利于风电产业链成长和发展的强有力的保障机制。这不仅仅是风力发电技术层面上的问题，也不完全是国家决策的问题，更是一个新兴产业发展过程中必须面对的、系统性的、涉及众多学科和领域的科学管理问题，需要管理科学为之作出贡献。本书将风电产业链作为一个整体，从产业链的成长、培育、发展角度来研究我国风电产业链的培育和发展问题，并分别对风力发电场建设、风电机组制造及其零部件生产、风电产业服务体系等产业链环节进行研究，以便体现管理科学的综合性、系统性和实际应用价值。

1.1 大型并网风力发电系统简介

风力发电是指利用风力发电机组直接将风能资源转化为电能的资源利用方式。从风力发电规模和电力传输、利用方式上看，目前的风力发电有小型离网式风电和大型并网式风电之分。小型离网式风电是由单个小型风力发电机组与蓄电池、逆变装置等组成的独立的供电系统。大型并网式风电则是由多个大功率(兆瓦级)风力发电机组，通过电力控制设备将所发电力输入电网系统,从而被终端用户所利用的大型电力系统。由于小型风电系统本身的限制,在解决能源替代问题上小型离网式风电系统只能作为一种补充形式,大型并网式风电系统才是今后发展的方向。

从技术角度看,大型并网式风力发电系统主要包括三个部分:风力发电机组(包括风力发电机、机舱、塔架、控制器等),风电控制系统(包括主控系统、监控系统、变桨控制系统和变频控制系统等),风电配套系统(包括安装风力发电机组以及辅助设备的基础、厂房、道路等)。风力发电机的构成如图 1-1 所示。

图 1-1　风力发电机构成

1.1.1　风力发电机组

虽然风力发电辅助设备和其他配套设施是风电系统不可缺少的重要组成部分,但风力发电机组始终是风电系统的核心。风力发电机组作为风电系统的核心部分,一般占风电场初始建设投资的比例为 60%～80%。

从结构上看,风电机组大致包括以下子系统:风轮、增速齿轮箱、发电机、塔架控制设备、电缆、地面支撑设备、各子系统连接设备等。

风轮是将风能转换为机械能的装置，它由气动性能优异的叶片(目前商业机组一般为三个叶片)装在轮毂上所组成。低速转动的风轮通过传动系统由增速齿轮箱增速，将动力传递给发电机，发电机最终将传递过来的动力转变成电能。所有这些部件都安装在机舱中，并由高大的塔架举起。由于风向经常发生变化，为了有效地利用风能，风电机组还必须配备迎风装置。迎风装置的作用是根据风向传感器测得的风向信号，由控制器控制偏航电机来驱动与塔架上大齿轮咬合的小齿轮转动，从而使机舱始终迎风而立。

风力发电机组及其零部件的设计和生产涉及多学科交叉和配合，需要综合运用空气动力学、电机制造、液压传动和计算机自动控制等理论和技术。其中，机组的整体设计、叶片材料和加工技术、自动化控制系统、液压和传感技术等都是关键技术。

按主轴装置形式，风力发机组一般可分两大类：一类是垂直轴风力机，其转轴与来风方向垂直，这种类型的风力发电机组目前在商用机市场上不多见。另一类是水平轴风力机，其转轴与来风方向平行，它是目前大型风电机组中最为常见的类型。

按调节类型来划分，风力发电机组又可分为定桨距失速调节型和变桨距调节型两大类。

(1) 定桨距失速调节型风力发电机

定桨距是指叶片被固定安装在轮毂上，其桨距角(叶片上某一点的弦线与转子平面间的夹角)固定不变；失速调节是指桨叶翼本身具有的失速特性，当风速高于额定值时，气流的攻角增大到失速状态，使桨叶的表面产生涡流，效率降低，从而达到限制转速和输出功率的目的。

这种技术是丹麦风电制造技术的核心，其优点是调节简单、可靠，可以大大简化控制系统，但缺点是叶片重量大(与变桨距风机叶片相比而言），轮毂、塔架等部件受力增大。这种风电机基本上都采用了鼠笼型转子，有一部分机组为了提高低风速时段的发电效率，采用了变极技术。

（2）变桨距调节型风力发电机

变桨距是指安装在轮毂上的叶片可以借助控制技术改变其桨距角的大小，其调节方法分为三个阶段：第一阶段为开机阶段，当风电机达到运行条件时，计算机命令调节桨距角，直至风电机达到额定转速并网发电；第二阶段当输出功率小于额定功率时，桨距角保持在零位置不变；第三阶段当发电机输出功率达到额定功率后，调节系统即投入运行，根据输出功率的变化，及时调节桨距角的大小，使风速在高于额定风速的一定范围内，保持发电机的输出功率基本稳定。

变桨距调节技术的主要优点是桨叶受力较小，桨叶可制作得比较轻巧。由于桨距角可以随风速的大小而自动调节，因而能够尽可能多地捕获风能，多发电力，又可以在高风速时段保持输出功率平稳，不致引起异步发电机的过载。另外，变桨距技术还能在风速超过切出风速时通过顺桨（叶片的几何攻角趋于零升力的状态）防止对风力机的损坏。正是由于变桨距技术存在上述几个突出的优势，因而成为今后兆瓦级风力发电机的发展方向。但这种变桨距技术最主要的缺点就是结构比较复杂，故障率相对较高。

近年来，我国通过引进国外先进技术，利用自身已有的机电制造基础，风机整机及叶片、齿轮箱、发电机、轴承等核心部件生产已基本实现国产化配套，不仅能满足国内风电发展要求，而且已经开始进入国际市场。

1.1.2 风电控制系统

风电控制系统是风力发电机组正常运行的重要组成部分，它承担着风机监控、自动调节、实现最大风能捕获以及保证良好的电网兼容性等重要任务，主要由主控系统、监控系统、变桨控制系统以及变频系统（变频器）4 部分组成，如图 1-2 所示。

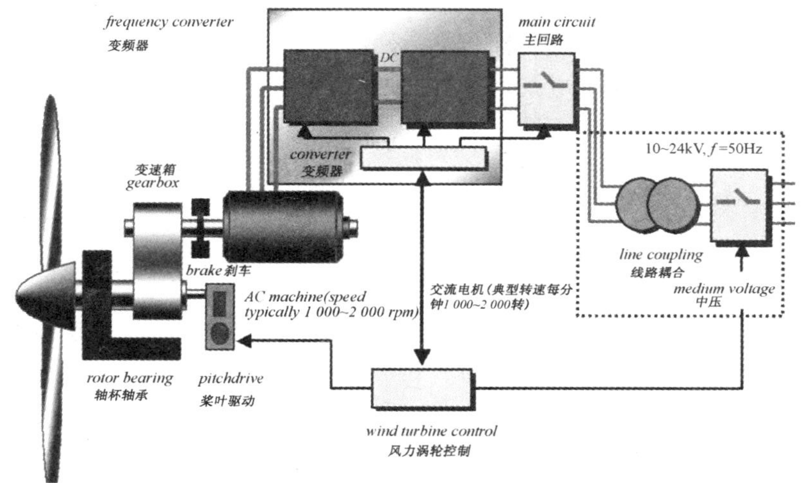

图 1-2 风电控制系统结构示意图

现介绍各部分的主要功能。

(1) 主控系统

主控系统是风机控制系统的主体,承担着风电系统的自动启动、自动调向、自动调速、自动并网、自动解列、故障自动停机、自动电缆解绕以及自动记录与监控等重要控制、保护功能。它对外的三个主要接口系统就是监控系统、变桨控制系统以及变频系统(变频器),它与监控系统接口完成风机实时数据及统计数据的交换,与变桨控制系统接口完成对叶片的控制,实现最大风能捕获以及恒速运行,与变频系统(变频器)接口实现对有功功率、无功功率的自动调节。

(2) 监控系统

监控系统实现对全风场风机状况的监视与启、停操作,它包括大型监控软件及完善的通讯网络。

(3) 变桨控制系统

变桨控制系统与主控系统配合,通过对叶片节距角的控制,实现最大风能捕获以及恒速运行，从而提高风力发电机组在恶劣气候条件下运行的可靠性与灵活性。目前来看，变桨控制系统的叶片驱动有液压和电气两种方式，其中电气驱动又有采用交流电机和直流电机两种不同方案。

(4) 变频系统(变频器)

变频系统(变频器)作为主控制系统的一个接口，分别和发电机、电网连接，直接发挥着保证供电品质、提高功率因素、满足电网兼容性标准等重要作用。

从目前的情况来看，由于我国在这一技术领域，尤其是对兆瓦级以上大功率机组变速恒频控制技术的研究起步较晚，再加上风电控制系统本身的特殊性和复杂性，不仅要求主控系统、变桨系统和变频器之间要有一套先进、复杂的控制算法来实现对风机的高度自动化监控以及向电网供电，而且必须通过合适的控制实现风能捕获的最大化和载荷的最小化，风电控制系统的研制面临着结构设计难、样机试制难和运行试验难等诸多重大难题。因此，我国风电控制自主配套规模还相当不尽如人意，对国外品牌的依赖仍然较大，这仍是风电设备制造业中最薄弱的环节。即便如此，国内企业通过这几年的努力，已经在控制系统主要部件的开发上取得了积极进展，已基本形成了自主的技术开发能力，所欠缺的主要是产品的大规模投运业绩以及技术和经验积累。例如，作为风机控制系统中技术含量最高的主控系统和变频器，国内企业在自主开发上已取得重要进展，部分产品已实现了规模化生产并小批量在风场投运，呈现出可喜的发展势头。

1.1.3 风电配套系统

作为风力发电不可缺少的辅助条件，风电配套系统一般包括硬件配套和软件配套两个方面。在硬件配套上，主要涉及风电场道路及其他运输条件、配套厂房、风电入网配套输变电条件等(见图 1-3)；在软件配套上，主要涉及风电场建设前的风场测风数据、风电场规划、配套设计能力，以及风电场运行过程中的气象服务、发电量预测、电网调度系统等。当然，保证风电设备生产质量的配套试验服务、质量标准及保证体系的建设等也都是风力发电所必须配套的重要的软硬件条件。

图 1-3 风电场道路与厂房设施

与火力发电相比，风力发电所需要的基础设施条件相对简单，除了必要的控制和调度设备安装所需的厂房、生产管理场所以外，风力发电场要求的道路交通设施条件并不高，只要能安装大型风电设备、满足日常维修和维护要求就足够了。但是，风力发电所要求的其他建设和运行过程中的配套条件却比较严格，特别是长期的气象服务条件、设备试验与检测能力、电力预测和电网接纳风电入网的能力等，这些因素对风电场建设、运营，乃至风电产业的长期健康发展都显得关系重大，从根本上决定着风电产业发展的规模和速度。

当前，由于风力发电机组在我国电网中所占比例越来越大，风力发电方式的电网兼容性较差的问题也逐渐暴露出来。因此，采用统一和开放的协议以实现不同风场、不同厂家和型号的风机之间的协调就显得十分重要，这就迫切需要建立统一的风电机组设计生产标准和先进入网调度系统。另外，风电接入电网尽快实现在功率预估条件下的风电场有功及无功功率自动控制，是提高风电上网规模、解决我国风电发展瓶颈的重要手段。目前，国家对电网这一问题已相当重视，虽然电网建设不是一件容易的事情，涉及很多方面的技术问题，但无论如何序幕已经拉开。

1.2 主要内容与结构安排

1.2.1 研究思路

本书以产业链理论和经济规制理论作为风电产业链培育与发展研究的基础，通过对世界风电产业链各个环节发展状况的持续关注和跟踪分析，重点把握风电产业链特别是风电设备制造业的发展动向，客观分析我国风电产业与发达国家相比存在的差距。

本书在综合现有研究成果的基础上，运用成本收益分析方法对我国风电成本构成情况进行更为深入的分析。鉴于风电的环境友好与绿色发展的特性，区分风电投资成本与运行成本，并建立风电成本分析模型。充分利用江苏沿海风力发电场的实际调研数据，并对风电成本尤其是风电替代火电而节约的成本进行测算分析，揭示风电投资成本相对较高、风电价格相对较低和相关政策不够配套等矛盾。

本书针对风电投资成本相对较高的问题，从提高风电设备制造业的规模效益的角度，在构建风电产业演化模型的基础上，分析我国风电装机容量、本土风电装备产业的成长空间和风电投资成本的变化趋势。

本书针对风电产业链发展的相关政策不够配套等问题，从提高风电设备国产化率方面入手，分析我国风电产业链适度保护的必要性和保护机制的建立问题，优化选择风电产业的培育模式，并提出解决思路和对策。

本书针对风电价格相对较低和相关政策不够配套等问题，在分析风电价格形成机理的基础上，提出健全风电价格形成机制和风电价格及其他经济规制优化的途径和对策。

本书针对我国风电产业链的发展特点，以及国际风电产业发展的一般趋势，分析我国风电产业链整合的内在要求，前瞻性地提出我国风电产业链的整合方式和途径，以及建立相应的市场机制和经济规制的必要性。

1.2.2 主要研究内容

(1) 世界风电产业链的发展现状

利用长期积累的资料，对全球风电产业链的发展状况进行深入分析。一是重点对世界各国风电装机容量发展情况进行比较分析，把握世界各国风电发展格局；二是重点分析世界风电大国风电产业的发展动态，为分析我国风电产业的发展提供参照；三是重点对世界风电设备制造业的发展情况进行分析，并特别关注风电设备制造大国及世界主要风电设备制造厂商的发展情况。

(2) 风力发电的成本收益分析

运用成本收益分析方法对我国风电成本构成情况进行分析。在现有研究文献的基础上进一步优化风电成本模型，并利用实际调研数据对风电成本进行综合测算。特别关注风力发电与常规能源发电在环境成本上的变化，通过建立风电环境收益分析模型，利用有关资料具体测算风电的环境贡献。利用测算的风电投资成本与社会价值数据，对比分析风电投资成本与风电价格之间是否协调，从中揭示出制约我国风电产业发展的相关问题。

(3) 风电产业链的演化分析

综合运用 Logistic 模型和学习曲线模型构造风电产业演化模型。综合运用风电统计数据、日本能源所新能源开发的经验公式和 Logistic 模型的内在关系分析确定模型参数，并设计计算机运行程序对我国风电产业链的动态演化过程进行仿真。发现我国风电产业发展的阶段性，探讨我国风电产业取得适度规模效应、有效降低设备价格和投资成本的可能性，并比较分析我国风电产业发展过程中存在的问题，提出相应的解决对策。

(4) 风电产业链的适度保护与培育模式选择

以关税保护措施为例，建立风电产业链保护的博弈分析模型，通过求解模型，分析对于我国风电设备制造业这一新兴的幼稚产业来说，争取必要的和适度的产业保护措施（如关税保护、财政税收支持、配套服务保证、支持科技开发等手段）的必要性。同时，在分析我国风电设备制造业面对的主要问题的基础上，根据我国风电产业发展的现实情况，分析风电产业链培育模式的选择，提出我国风电设备制造业的培育与发展的思路。

(5) 风电价格形成机制的优化

通过分析我国风电上网价格制度的演变和我国现行风电上网价格水平，全面评价我国风电特许权制度存在的优点与不足。以增强政府经济规制的有效性、促进风电产业发展为目标，坚持“合理的风电价格应能准确反映风电成本构成与需求变动”、“常规电力外部成本内部化是形成合理风电价格的关键”、“价格补贴是现行合理风电价格形成的实质内容”、“市场化管制比直接行政价格管制具有更多的优越性”等观点，变“招标定价”为“招标定商”，继续完善特许权招标规则，调整风电项目审批分工，统一风电项目优惠政策，建立与化石能源稀缺程度相联系的长期的电价联动机制，并继续完善影响风电价格形成的配套政策和措施。

(6) 风电产业链的有效整合

在全面把握产业链不同整合方式，特别是产业链垂直一体化的动机和激励机制的基础上，分析研究世界风电产业链整合的一般动向。风电产业资产专用性强，产业链呈线性结构特征，产业链各环节之间技术关联程度大、外部效应明显等特点，使得风电产业实施垂直一体化的激励效应比较明显。同时，通过对国际风电产业发展轨迹历史的回顾，特别是把握风电设备制造业的发展特征，提出我国风电设备制造业将长期面临产业链整合的变动格局，从而需要在体制设计和经济规则策略上做好必要的准备。

1.3　本章小结

本书在遵循全面性、系统性原则的基础上，有层次、有条理地展开相应的研究工作，力图在研究领域的选择、理论和方法的应用，以及研究结论和观点上有所创新。研究成果查新表明，将产业链控制与整合理论、外部效应理论、公共产品（资源）定价理论、经济规制等理论应用到风电产业链的培育和发展问题研究上具有较明显的集成创新性。综合运用成本收益分析方法、Logistic模型、生长曲线模型、博弈与最优规划相结合等方法分析风电产业链发展问题，也反映出明显的研究方法选择上的新颖性。这些研究方法在使用中都结合了风电产业的发展特点进行了必要的改造，使之更加适合风电产业链的研究，保证了分析过程和所得结论的科学性。同时，本书所得出的一些结论具有明显的针对性和前瞻性，如我国风电产业链的演化存在着提前的迹象，发展阶段的演变速度也超出常态；我国高速发展的风电产业将面临越来越多的类似于垂直、水平一体化的产业链整合问题；适度的风电产业保护政策是必要的，我国目前风电产业保护政策还有待进一步优化等。所提出的一些观点也具有明显的新颖性和独创性，如风电产业链形成和发展的关键在于风电设备制造业的兴盛，风电产业链的培育重点在于风电设备制造业；风电的价值不仅体现在直接投资收益上，更重要的是体现在替代火电而降低的环境成本上；风电价格的形成更具市场化的基础，但现实条件并不具备，政策支持是风电产业健康发展的前提；常规电力外部效应的内部化是完善风电价格形成机制的核心；我国风电产业的发展壮大离不开适度的政策保护；风电产业的培育需要特别关注建立促进产业链整合优化的机制；我国风电产业链的发展特点决定了近期更有可能进行垂直整合等。总之，本书的特色或创新突出反映在以下几个方面。

（1）运用成本收益分析方法建立风电运行价值模型，并对风力发电的节能减排贡献进行了测算。提出了风电的价值不仅体现在直接投资的收益上，更重要的是体现在替代火电而降低的环境成本上，常规电力负外部性的内部化是完善风电价格形成机制的核心等新观点，以上观点为正确全面认识风电的价值、优化风电成本价格体系奠定了基础。

（2）综合运用Logistic模型和学习曲线构建风电产业链演化模型，对我国风电产业链演化进程进行了仿真分析。特别是在模型参数的确定上，根据新兴产业发展的阶段特征，以风电与火电相对成本的变动为依据，综合考虑风电的资源及经济发展条件划分新能源开发的不同阶段，运用新能源开发的经验公式，测定了各时期风电最大经济可开发量，进而顺利解决了模型参数的测定问题。

（3）运用博弈论、非线性规划等方法，分析对我国风电设备制造业进行适度保护的内在机理和必要性。在提出风电产业链的培育重点在于风电设备制造业的发展等新观点的基础上，以国际贸易中的关税保护为例，构建并求解我国风电设备制造业适度保护的博弈分析模型，分析我国风电设备制造业有效保护政策进一步优化的可行路径。

（4）将风电产业链视作一个研究整体，以产业链控制与整合理论为基础，研究我国风电产业发展将面临的垂直一体化的产业链整合问题。提出了应从企业管理制度创新、政府规制创新等角度，重视解决风电产业链垂直整合的过程中出现的问题，优化风电产业发展的内外部环境，降低产业链一体化的交易成本，特别促进风电设备制造企业以实现自主创新为目标积极开展对外重组兼并等新观点。

2 风电产业链发展问题研究概况

2.1 相关重要概念的界定

2.1.1 风电产业链

产业链是指从一种或几种资源通过若干产业层次不断向下游转移直至消费者的完整路径。产业链的定义通常包含 4 层含义：首先，作为产业层次的表达，产业链存在着上、中、下游等层次区分；其次，作为产业关联程度的表达，产业的关联性越强，链条越紧密，资源的配置效率也就越高；再次，作为资源加工深度的表达，产业链越长表明加工可以达到的深度越深；最后，作为满足需求程度的表达，产业链始于自然资源的开发和利用，止于消费市场，但起点和终点并非固定不变。

事实上，“产业链”并不是一个定义明确的术语，更准确地说一般讨论的产业链应该是一个“生产链”。在这一链条中，每一个阶段或环节都是相互联系又相对独立的生产过程，或者说产业链也就是由这些相互联系又相对独立的生产过程所构成的一个相对完整的链条。

当然，从产业关联的角度来看，由某种最终产品向上追溯可能形成包含无穷多个环节的链条，例如风电作为一种最终产品，其生产过程向上可追溯到与风电机组直接相关的机械、钢铁、电力设备的生产，进而追溯到这些产品生产所需要的各种投入，如钢材、塑料、铜材等，显然这样无穷追溯下去的产业链是无边界的，并不能满足产业链问题研究的需要。一般情况下，界定产业链的边界时，可以根据不同的研究类型和研究目的采用不同的方法，如以链条长短为标准的方法，以链条关系紧密程度为标准的方法，以关联技术类型为标准的方法等。本书中产业链边界的界定是以主要生产技术的关联程度为标准的。

风电产业利用的是风能资源。与传统能源相比，风能是一种在全球范围内广泛分布的清洁、永续能源。因此，风力发电不会对外部能源产生依赖，没有燃料价格风险，发电成本稳定，也没有碳排放等环境成本。风电产业的发展非常符合环境友好、绿色消费、可持续发展等现代经济发展理念。

风电产业链就是以风电产品作为主线，围绕风力发电及其技术条件保障而形成的产业链。如果暂不考虑风电产业前后向延伸的可能性，目前以大规模并网发电为核心的风电产业链主要由风力发电场、风力发电机整机制造、风力发电机零部件制造和电网供变电等行业所组成。在风电产业链上，如果不考虑电力传输环节，风力发电场作为直接生产风电产品的企业处在风电产业链的下游，而风力发电机整机制造业和风力发电机零部件制造业则分别处在产业链的中游和上游。

2.1.2 垂直与水平一体化

一体化有多种应用领域，因而各有其不同的含义。在政治领域，一体化通常是指多个原来相互独立的主权实体通过某种方式逐步结合成为一个单一实体的过程。在经济领域，一体化又被细分为区域一体化、经济一体化、企业一体化、产业一体化等。从产业发展角度来看，一体化又可分为垂直一体化（纵向一体化）和水平一体化（横向一体化）。

垂直一体化是指沿产业链占据若干环节的业务布局，是企业在两个可能的方向上扩展现有经营业务的一种发展战略，它包括前向一体化和后向一体化。前向一体化战略是企业对本公司产品做进一步深加工，或者对资源进行综合利用，或者公司建立自己的销售组织来销售本公司的产品或服务；后向一体化则是企业自己生产供应现有产品或服务。

水平一体化是指跨过两个甚至几个产业链的业务布局，其目的是实现现有生产活动的扩展并由此导致现有产品市场份额的扩大。该类增长一般可以从三个方向进行：一是扩大原有产品的生产和销售；二是向与原产品有关的功能或技术方向扩展；三是与上述两个方向有关的向国际市场扩展或向新的客户类别扩展。国际化经营就是水平一体化的一种形式。

2.1.3　产业链整合

随着社会分工的细化，协作变得比任何一个时候都更加重要。现代生产几乎没有一种产品或服务是由一个企业（厂商）所提供的，产业链上的企业（厂商）总是处在相互联系和相互制约的状态之中，一个企业（厂商）能够向顾客提供的价值都在不同程度上受到上下游企业（厂商）的影响。因此，从产业角度考察的“整合”，并不是狭义的“合并”概念，而是包括合并在内的广义上的一体化问题。只要企业（厂商）能够直接或间接控制产业链上或产业链外其他企业的决策，使之产生期望的协作行为，那么它就是某种程度上的整合。

虽然风电产业的发展总体上还处在起步后的成长阶段，产业链正在形成和发展之中，但和其他产业的发展进程一样，风电产业链的整合会以自身的要求和规律与之相伴同行，甚至可以说风电产业的发展壮大很大程度上依赖于产业链的有效整合。

2.1.4　经济规制

政府针对市场失灵的诸多方面，以社会福利最大化为目标，对特定产业的价格、市场进入、投资和服务标准等方面进行的控制，是政府对特定产业的纵向制约。经济规制区别于法律，其实施主体是政府的行政机构，即由立法机关设立、以贯彻特定政策为目标的政府单位，而不是国家的司法机构；经济规制不同于宏观调控，其客体是微观经济主体（主要是企业等市场组织），而不是宏观经济活动;经济规制区别于行政干预,其实施综合运用经济激励、制度约束和产权安排等手段,而不是单一的直接行政干预。

经济规制的原因主要在于市场失灵。当市场机制出现不能发挥优化资源配置的作用,不能解决社会公平问题时,政府干预就成为现实的选择。在传统能源产业没有解决负外部效应(如环境污染问题)的前提下,作为替代传统电力的风电产业,其发展就离不开政府的经济规制,尤其是在风电产业发展的初期,在风电成本高于常规电力成本而处于竞争劣势的情况下,政策支持是不可缺少的。

2.2 风电产业发展前景和战略

众多有识之士很早就对风电产业的发展问题进行了研究,他们一方面通过各种途径宣传普及风力发电的相关知识,介绍世界风电产业发展情况,另一方面对风电产业的发展前景进行深入分析,对我国风电产业发展路径、规划和战略提出了很好的建议。

贺德馨长期以来主要从事新能源(风能)研究,从理论和实践上积极推进国内新能源(风能)利用的发展。除了参与国家"六五"、"七五"、"八五"、"九五"风能科技攻关项目和"十五"期间的国家863项目兆瓦级风电机组的研发工作,主持完成多项风能利用国家重点科技项目以及中国—瑞典政府(1986—1992)风能科技合作项目外,他还从产业发展战略的高度深入研究了我国风能利用的前景和发展途径,先后组织风能学术交流和开展技术咨询活动,亲自参与新疆地区风能利用的技术指导工作。从20世纪90年代开始,贺德馨在国际国内风能利用学术会议和专业杂志上发表了大量论文,对我国风电产业发展战略及政策的制定产生了积极的影响。

施鹏飞一直致力于中国风力发电技术的推广和相关产业发

展的研究，不仅对比分析了我国发展风电的优势和制约条件，分析了中国风电产业发展的广阔前景，而且积极呼吁和推动中国风电产业的培育和发展，特别是从20世纪90年代开始，就组织专门力量跟踪中国及世界风电装机发展情况与风电设备制造业发展情况，进行了连续10多年不间断的统计分析工作，每年都公开发布相关统计信息，为风电产业发展研究工作提供了有力的数据支持。

李俊峰、高虎、时璟丽、王仲颖等在推动中国风电产业发展战略的研究上也作出了重要贡献。2005年，李俊峰出版了介绍风电产业发展的理论专著——《风力12在中国》，该著作以中国能源的安全供给和环境影响为背景，分析了中国风电开发的前景，分别介绍了风电的社会效益和环境效益、风电的成本与价格、风电在中国的发展历程、风电设备制造商、我国的风能资源、风电技术的发展、风电场建设与运营等情况，论述了中国发展风力发电产业的战略价值，并且进一步从资源、技术和政策的角度分析我国风力发电产业达到2020年目标的可行性。2007年、2008年、2009年李俊峰等人已连续三年编写出版了中国风电发展报告，综合分析了我国风电产业链各个环节的发展情况，提出产业发展中存在的问题和对策，并提供国际风电产业发展情况作为参考。

顾为东从20世纪80年代就对江苏沿海地区风能资源状况进行了自费调研，随后发表论文，指出江苏沿海地区并非传统理论认定的风能资源贫乏区，他以挑战国际风能界权威的勇气，以丰富、翔实的调研数据和深入的分析推翻了风能领域传统的理论公式。他还通过多种途径竭力推进江苏沿海的风电产业发展，所提出的在江苏沿海建设绿色能源之都的战略构想得到了中央和地方政府的广泛认同，并吸引了大量投资者着手江苏沿海风电大规模的开发。目前，顾卫东还主持着“大规模非并网风电系统的基础研究”项目，这是我国能源领域中唯一的一个国家973计划项目。该项目的研究成功将使大规模风电非并网利用成为可能，从而能够彻底解决风电产业发展中电网瓶颈约束问题。

在我国风电产业走过试验示范期之后，面对近年来我国风电产业爆炸式发展的新局面，朱俊生、施鹏飞、贺德馨等风电领域的领军人物又对风电产业发展的新情况进行了清醒的分析，认为我国风电产业发展必须解决风电设备制造业相对落后的问题，特别是兆瓦以上风力发电机组的总体设计水平和制造能力薄弱，缺乏与国外产品竞争能力的问题；同时提出风电产业的发展要特别防止出现浮躁和泡沫现象，风电场、风电设备生产的高速发展不能以忽视产品质量、牺牲产品的可靠性为代价，要立足长远，炼好内功，奠定风电产业持续发展的基础。近年来，贺德馨等人还进一步从风能产业发展目标、风能产业发展主体、风能产业潜在风险和风能产业自主创新等方面，对我国风电产业链的发展进行了前瞻性的分析，提出要根据国情合理制定发展目标，完善风电市场主体，防范潜在风险和加快风电设备技术创新。

其他众多学者、专家也从不同角度对我国风电产业发展前景和战略问题进行了研究，如周鹤良、朱俊生、刘文强、庄幸、芮晓明、胡其颖、方永、徐孝纯、徐凯等发表了大量研究论文，他们所得出的结论基本上是一致的，即我国风能资源丰富，风电产业发展前景广阔，国家应制定积极的产业扶持政策以促进风电产业的迅速发展。

随着风能利用技术的进步和逐步成熟，一些风力发电起步较早、风电设备制造业发展速度较快的风电大国（如德国、丹麦、美国等）一方面出于推动世界新能源产业发展的意愿，另一方面出于推动风电设备全球发展战略的需要，特别关注国际风能利用的前景和新兴风电市场的研究，牵头成立了各种世界性或地区性的风能组织，定期或不定期地发布世界和主要风电大国风电产业发展的研究分析报告，介绍世界风电装机容量的变化和发展情况、风电设备生产发展动态，同时对未来世界风电产业发展的前景和潜力进行了预测分析，使人们及时了解世界风电产业的发展，明确对风电产业未来的预期。

世界风能协会WWEA(World Wind Energy Association)、全球风能委员会GWEC(Global Wind Energy Council)、欧洲风能协会EWEA(European Wind Energy Association)、德国风能协会BWE(German Wind Energy Association)、美国风能协会AWEA(American Wind Energy Association)等,都是旨在推动全球风能利用的国际性组织,在全球范围内关注着全球风电产业的发展动态、政策动向,每年都会发布各种类型全球风能利用报告,分析全球风电产业发展状况,预测风电产业未来发展动向。如WWEA和GWEC最新发布的研究报告都预计,在今后5年中,全球风电装机容量在经历了持续10年的高速成长之后仍将保持高速增长(GWEC还预测将比2009年增长3倍),其中,中国风电产业的巨大发展和欧洲、北美洲风电产业的平稳增长贡献最大。国际能源署也对风电产业的发展前景进行过预测,认为到2020年,全球风电容量将达到12.6亿千瓦,总投资估算约需6 300亿美元,这将是全球机电制造业和风电场建设的一个巨大市场。中国的风电投资将达到1 000亿美元,吸引众多国际顶级风机制造商纷纷进入中国。

以GWEC秘书长苏思樵(Steve Sawer)为代表的一些国际风电领域杰出人物在密切关注全球风电产业发展的同时,也对中国风电产业的发展进行了大量研究,认为中国政府对本土风机制造企业的适度保护是明智的,也是卓有成效的;固定电价与配额制是发展风电的宝贵经验,值得中国借鉴;在风电并网运行方面,丹麦与西班牙建立风电中央控制室和风力预报系统的经验最值得借鉴;各国风电融资与风电相关政策联系紧密。

2.3 风电投资成本构成及变动

风电投资成本直接关系到风电项目的商业价值,自然成为风电产业发展中令人关注的焦点。在风电投资成本的研究方面，国内学者较有代表性的研究主要有以下几点。

郑照宁等（2004）根据风电投资成本数据较少的特点，利用GM(1.1)（灰微分模型）、学习曲线模型并引入遗传算法大大改进了GM(1.1)模型的精度。经过对比的算例分析，他们对中国风电投资成本的变化进行了测算，结果发现目前的风电投资成本依然明显高于其他常规能源，客观上成为制约风电产业链健康发展的重要因素。同时他们还根据风电投资成本（单位千瓦装机容量成本）的学习效应（随着装机容量的逐年增加，风电投资成本在持续下降），预测中国风电产业有望在2015年左右进入商业化发展阶段。同时他们的分析还指出，在风电产业发展的初期，政府补贴风电产业的学习成本是促进其发展的重要手段，这也是政府财力完全能够承受的。

谢建民等（2003）分析了风电成本的影响因素，构造了风力发电机年发电量和发电成本的计算公式，并利用云南省的3个风速观测点的数据，对200千瓦和600千瓦两个容量等级的6种国内外代表风力机机型进行了理论测算。结果表明，风速分布、风力机参数、风力机价格是影响风电成本的3个主要因素，认为风力发电场建设需要进行充分的评估，至少需要3年以上的测风数据才能较准确地确定风力分布参数和风力机容量系数。从目前的情况看，在同一风能资源环境下，国产风电机组的容量系数相对较低，其性能参数尚需进一步优化。同时，风力机价格是风电成本的主要构成因素（占投资的比重甚至高达80%），要降低风电成本就必须实现风电机组的国产化。

包能胜等（2007）详细讨论了大型风电场与燃气轮机组成的互补发电系统发电成本的构成，通过对互补发电系统发电成本理论公式的研究，推导了互补系统中的各个影响因子影响发电成本的数学方程，并通过敏感性分析讨论了主要影响因子对成本系统的影响。结果表明，贴现率、风电场动态投资费用、设备年利用率、天然气价格以及燃气轮机机组效率等是影响互补系统发电成本的主要因素，其中风电场动态投资费用和天然气价格最为敏感。

王正明、路正南(2008)分析了风电成本构成，并利用江苏龙源风电如东风电场的实地调研数据(风电成本)及江苏南通天生港火力发电厂发电成本等第一手资料，在可能的资金成本条件下对风电成本水平进行了具体测算，所得结论完全支持目前风电成本相对于常规电力仍然较高的判断。

2.4 风力发电的运行价值

由于风力发电利用的是自然界的风能资源，是很难准确预测和计划的，因此，风力发电不仅要面对电力产品不可储存、生产与消费必须同步的问题，更要有效解决发电功率不可调整、发电量不能准确预测的问题。因此，风电的运行价值就必须综合考虑发电收益与投资成本、辅助服务成本的关系。

雷亚洲等(2002)定性描述了风电并网引起的电力系统运行方式的变化和由此带来的发电成本的变化情况，并基于随机模拟技术，从电力系统运行的角度提出了定量分析风力发电相对于整个电力系统运行价值的方法，他们根据常规火电机组的边际发电成本曲线分析了风电价值的构成，指出风电价值与风电场所在地的风力资源特征、风电机组技术参数、风电负荷在电力系统负荷中所占的比例，以及配合风电机组运行的火电机组的耗量特性等是决定风电价值的重要因素。

周双喜等(2006)重点分析了风电并网对电力系统辅助服务的电量成本变化以及带来的环保收益，在给出了风电运行价值详细表达式的同时，通过算例估算并讨论了风电穿透功率、风能预测误差、备用容量价格、风电场容量系数等因素对风电运行价值的影响，认为风力发电的综合价值既决定了它与常规能源的竞争力的差别，也决定了风力发电的发展速度。风电穿透功率、风能预测误差、备用容量价格、风电场容量系数等因素对风电运行价值变动存在着较大的影响，在风电投资决策过程中需要认真考虑各种因素对风电运行价值的综合影响。

朱祚云等（2007）具体针对上海电网的情况分析了风电并网所产生的影响，认为上海电网常规装机容量有限，华东电网又采取的是分区控制的调频模式，大量的风电机组并网运行将对电网的调频、调峰产生不利影响，并根据上海电网的特征计算出在现有条件下单个并网风力发电场最大装机容量。

风力发电相对于常规能源发电所具有的可再生、无排放、少污染特性，是风电成为未来发展中可替代能源的重要原因。但鉴于环保价值是隐性的，很难在市场交易中得以显现，因此，许多研究虽然都指出了风电突出的环境价值，但在这方面的定量研究还很少。如周双喜等（2006）只是从常规能源电厂的废气排放费用角度给出了风力发电环保价值的测算公式，但没有进行具体测算。

2.5 风电价格形成机制

电价形成机制是电力行业发展的根本保证。在风电价格形成机制问题上，我国在 2003 年后实行对大规模的风电项目特许权招标定价，其他小规模风电项目则由地方政府审核定价的制度。国内学者有关风电价格形成机制的研究，主要集中在风电特许权招标导致上网风电价格盲目竞争的问题上。

朱俊生、施鹏飞（2006）分析认为，国家在解决风电就近上网、全额收购电量外，最重要的是要给风电一个合适的上网电价，给投资者一个合理的回报。风电产业在我国尚处于起步阶段，要扶植这个幼稚产业的发展并使其赶上国际先进水平，除了国家科技和产业发展资金的支持外，还要从政策上给予比常规能源项目收益略高的上网电价，以吸引更多的投资者，只有这样才能保证风电产业发展的可持续性，并培育出健康的市场，使风电产业链的源头（风电设备制造业）逐步成长起来，形成真正的竞争市场，最终降低风电成本。

李才华、罗鑫等（2007）指出，风电上网电价按招标价格确定的政策不利于鼓励优先开发优质资源。他们认为招标定价在制度上是先进的，但所需要的条件并不满足，建议实行招标定价与标杆电价相结合的定价机制，对招标设立价格下限，增强竞争主体的竞争意识和完善财政补贴机制等。

王正明、路正南（2008）从外部性理论方面研究了我国风电招标定价制度存在问题的根源，认为风力发电并不像常规能源发电一样存在明显的负外部效应，实质上应更有条件进行市场定价，出现问题的根源不在风电定价本身，而在于常规能源电力价格并没有使外部成本内部化。从根本上解决电价机制问题还要从改革常规能源电力价格的形成机制入手。

2.6　本章小结

比较上述风电产业链发展问题的研究不难看出，现有的研究成果更多地侧重于风电产业的发展前景和潜力、风电投资成本和价格形成等政策问题上。这是符合一个产业发展初期特征的。因为对于一个成长时期的产业，投资者最关注的当然是产业发展前景和投资价值。但是，近年来我国风电产业的高速增长在极大地拓展风电市场空间的同时也带来了一系列的发展问题。例如，风电设备制造业在“爆炸式”增长的市场诱惑之下，匆忙批量生产本需经过较长时间的试验、检测和实际运行检验的风电设备，在产品质量上埋下了巨大的技术和经济隐患。在风电设备制造技术落后条件下，虽然通过直接引进国外成熟风电机型以加快我国风电产业发展的模式，大大缩短我国风电产业成长历程，但在产业成长到一定程度后必然要解决在激烈的国际市场竞争中出现的竞争能力不足的问题。如何有效防止和化解我国风电产业大发展过程中出现的这些问题和风险，还需要在风电产业链健康成长、持续发展所需要的环境和条件上，特别是要在建立风电产业链有效整合机制以提高本土风电设备制造业的市场竞争能力等问题上加强前瞻性的研究。

3 产业链的控制、整合与规制

3.1 产业链垂直控制的结构与效率

产业链垂直控制问题主要包括垂直一体化和各种垂直约束策略等。其中,垂直一体化是上下游企业之间针对瓶颈问题的一种完全的承诺,即上下游企业试图通过这种完全契约关系解决交易过程中可能出现的各种问题;而垂直约束则是上下游企业之间通过各种手段和方式建立起不完全的契约关系,有目的地解决部分关键性的交易问题。显然,垂直一体化是控制程度最强的一种方式,而垂直约束可以完全或部分复制垂直一体化的效果。因此,在产业链垂直关系问题的研究中,垂直一体化始终是重点。这里关于产业链垂直控制理论研究的介绍,都是以垂直一体化为例的。

3.1.1 产业链垂直控制的市场结构

如果撇开产业的水平关联,仅从产业链的垂直关系上研究,产业链内部关系可以简化表述为上下游产业之间的关联。郁义鸿等(2005)以“上游产品是否为中间产品”为依据将这种关系划分为 3 种类型:① 上游产品为最终产品,下游行业即为分销环节;② 上游产品是纯粹的中间产品,下游行业才是最终产品的生产者,且与消费者之间不存在零售环节;③ 上游新产品既可以作为最终产品面向消费者,也可以作为下游产品的投入品。

所谓产业链的垂直市场结构,是指由两个市场各自具有的不同的市场结构整合而成的作为产业链元素的市场结构。如果考虑到上下游市场3种可能的市场结构——完全垄断、寡头垄断、完全竞争，产业垂直市场结构就不外乎9种排列组合。由于寡头垄断者之间展开Bertrand竞争，其实际效应与竞争市场是一致的，因此，寡头垄断市场也就覆盖了竞争市场，实际理论研究的对象也就只有完全垄断与完全垄断、完全垄断与寡头竞争、寡头竞争与完全垄断、寡头竞争与寡头竞争4种市场结构。

结合现有的理论研究，一般认为规模经济性仍然是形成上述市场结构的决定因素，因为在单个市场由于规模经济性而使上游或下游厂商形成垄断，进而拥有一定的市场力，这将在产业垂直关系中直接转化为对关联厂商的谈判势力，因而直接决定垂直市场结构的性质。此外产品的同质性、进入壁垒、范围经济性、交易成本、网络外部性等都是决定产业链垂直市场结构的重要因素。

3.1.2 产业链垂直控制的策略选择

当一个处在垂直关联中的厂商对垂直控制策略进行选择时，其决策目标就不再是单个厂商的利润最大化，而是垂直结构的总利润最大化。所谓控制问题，就是要了解如何运用工具达到或接近合意的目标值——能使纵向结构(纵向一体化的)利润最大化的目标值。

厂商控制策略的选择除了要确定目标函数之外，还要进一步明确影响厂商决策的因素。从一般的决策程序来看，当厂商处在一个产业链的垂直关联市场中时，首先要做的是找到所有可供选择的垂直控制策略的集合。当然，对具体的垄断厂商来说，可行的垂直控制的策略集只是上述策略集的一个真子集，许多可供选择的策略是不可行的，这在很大程度上取决于产业链所属的类型。例如，对于产业链上下游厂商都是制造商的类型，上游垄断厂商就无法实施转售价格控制、全线强售与搭售等策略。这说明控制策略选择将受到产业链类型的制约。

此外，影响垄断厂商实现垂直控制目标的因素还有外部性问题，这包括纵向外部性和横向外部性，而外部性与产业链的市场结构直接相关。就垂直市场结构的外部性来说，对应于下游厂商的价格选择、推销努力和生产技术选择3种情况，至少存在双重加价、下游厂商的道德风险和投入替代等外部性问题。

总之，一个处在产业链垂直市场结构中的厂商，产业链类型和垂直市场结构是其垂直控制策略选择的基本的决定因素。

3.1.3 产业链垂直控制的效率

对于单个市场，我们可以以完全竞争均衡结果为基准清楚地对垄断带来的效率和福利损失作出评价。但对于多个市场的关联，特别是对于以产业链为主线的市场结构，现在还缺乏一个均衡结果用来作为垂直控制策略下的市场效率和社会福利的评价标准。这里仅对类似于风电产业的产业链上下游都是制造商的情形进行探讨，将单个市场的最优基准推广到基于产业链的效率评价之中。

先分析第一种情况：上游产品不是最终产品，且全部为下游制造厂商所需。

设厂商甲的产品 A 为厂商乙生产最终产品 B 的中间产品，其需求是由厂商乙生产最终产品需求所派生的，如对风电设备的需求是由对风电的需求所派生的，对钢材的需求是由对汽车的需求所派生的，等等。为简化起见，设产品 A 与产品 B 的数量匹配比例为1∶1，产品 B 的固定成本为零，产品 A 的价格为 P_a，并且除产品 A 以外生产产品 B 所需的其他投入品的平均价格为 P_e，则厂商乙的边际成本即为 P_e+P_a。假设厂商面对的是完全竞争市场，根据产品价格等于边际成本的条件，厂商 B 应满足 $P_b=P_e+P_a$ 以实现利润最大化。同样，厂商 A 的利润最大化必要条件应为 $P_a=MC_a$。

假设市场上产品 B 的需求曲线为 $D_B=d(P_b)=d(P_e+P_a)$，市场上产品 A 的供给曲线为 $S_A=s(P_a)$，由于产品 A 与 B 是两个垂直关联的产品，它们的均衡关系应该在以下约束条件下实现，即$\begin{cases} P_b = P_e + P_a = P_e + MC_a, \\ Q_a = Q_b. \end{cases}$

由此可解得两个市场实现均衡的价格与产量（见图 3-1）。

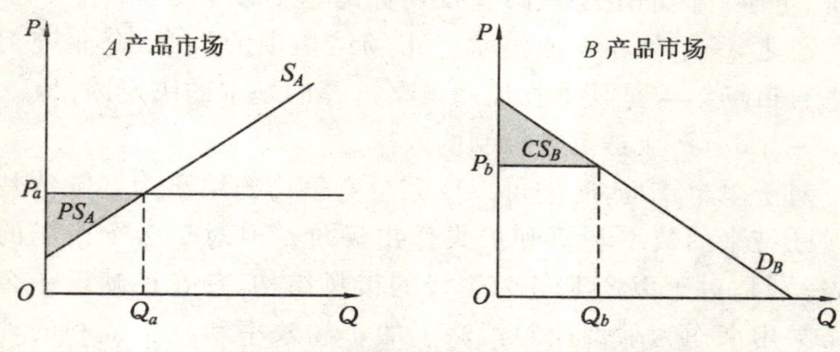

图 3-1　中间产品完全为产业链下游厂商所需的市场均衡

由于上述分析是在完全竞争条件下实现的，故它具有帕累托最优效率，其社会福利水平可以作为产业链效率的评价标准。从图3-1上看，这一社会福利（W）实际上包含两部分：一是来自最终产品市场的消费者剩余 CS_B，二是来自中间产品市场的生产者剩余 PS_A，即 $W = CS_B + PS_A$。

第二种情况：上游产品既可以作为最终产品，又可以作为中间产品为下游制造厂商所需。

为了建立产业链评价标准，这里依然假设两个市场均具有完全竞争的市场结构，产品 A 与产品 B 的数量匹配比例为 1∶1，产品 B 的固定成本为零，产品 A 的价格为P_a，并且除了 A 产品以外，生产 B 产品所需的其他投入品的平均价格为P_e，则厂商乙的边际成本即为$P_e + P_a$。显然，厂商乙的利润最大化一阶条件仍然为$P_b = P_e + P_a$，而厂商甲的利润最大化一阶条件应为$P_a = MC_a$。

但与第一种情况不同，由于产品 A 的需求不完全是由产品 B 的需求所派生的，有一部分需求是独立的，可设其为 $D_A(P_a)$，而另一部分需求是由产品 B 的需求派生的，设其为 $D_B(P_a + P_e)$，所

以产品 A 的总需求为 $\sum D_A = D_A(P_a) + D_B(P_a + P_e)$。此时，$A$ 产品市场的均衡应由其供给 $S_A(P_a)$ 和总需求 $D_A(P_a) + D_B(P_a + P_e)$ 共同决定。

由于 A 产品市场与 B 产品市场是垂直关联的，两个市场的均衡应该在利润最大化一阶条件 $P_b = P_e + P_a = P_e + MC_a$ 及 $Q_a = Q'_a + Q_b$ 的约束下才能实现，由此可以解得其均衡价格与均衡产量的关系（见图 3-2）。此时，具有帕累托最优效率的社会福利水平除了包括来自最终产品市场上产品 B 的消费者剩余 CS_B，以及来自中间产品市场上作为中间产品 A 的生产者剩余 PS_A 外，还应包括来自最终产品市场上作为最终产品 A 的消费者剩余 CS_A。所以，两个市场上社会福利总水平（W）的构成应该是 $W = CS_B + PS_A + CS_A$。

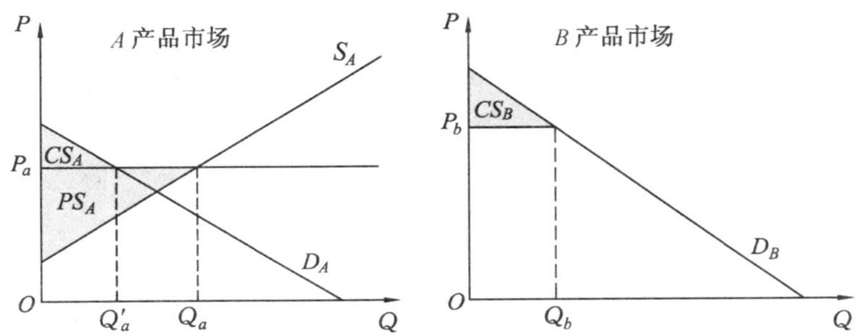

图 3-2　中间产品不完全为产业链下游厂商所需的市场均衡

3.2　产业链垂直控制的主要动机

概括垂直一体化问题的一系列研究成果，垂直一体化的激励或动机主要来源于 3 个方面：技术因素、市场不完全因素和交易成本节约因素。在不同的经济环境下，这些因素单独或共同决定着产业链上企业的一体化行为选择，进而形成一个产业链成长和发展过程中的特色。

3.2.1 技术因素

垂直一体化的动机可能是受到技术获取、保证生产的不可分割性等技术因素的激励，对技术的获取及由技术因素而产生的成本节约是对垂直一体化最直观的解释（Williamson，1979；Tirole，2001）。由技术因素推动的垂直一体化行为降低了纵向相邻生产环节的生产成本，最终促进了消费者和社会福利的提高。

3.2.2 市场不完全因素

市场不完全因素主要是由不完全竞争（或垄断）以及其他一些市场不完全因素（如外部性、信息不对称等）所引发的。通常来说，促使垄断性企业将相邻生产环节的竞争性企业一体化的动机主要有 3 个方面：一是将不完全竞争造成的效率损失内部化；二是将租金获取的能力延伸到竞争性相邻阶段；三是希望对竞争性生产阶段实行价格歧视。现有的一些研究成果通常是根据产业链上下游企业之间的产品关联，将不完全竞争（垄断）区分为卖方垄断和买方垄断分别进行研究的。

McKenzie（1951）最早讨论了上游垄断企业介入下游竞争性企业的情形（前向一体化），即卖方垄断企业一体化下游竞争性企业，而下游竞争性企业的中间产品的投入比例是可变的情形，指出一体化的原因在于卖方垄断企业为防止下游竞争性企业通过改变投入比例而产生效率损失。Vernon 和 Graham（1971）的研究则指出，这种一体化形式引起的竞争效率降低（价格上升），可以通过垄断者利润的形式得到一定程度的补偿，其程度取决于生产的替代弹性。Hay（1973）、Westfield（1981）、Waterson（1982）、Quirmbach（1986）进一步讨论这种前向一体化的效率问题，结论是前向一体化可能会使最终零售价格上升而对消费者不利，但一体化企业又可以通过内部化效率改进和价格提高而增加利润。前向一体化的总福利的变化比较复杂，需要根据正负两方面的比较来确定。

对于卖方垄断企业希望通过前向一体化对下游实行价格歧视的情形，Prry(1978、1980)、McNicol(1975)等都进行了研究，特别是Prry利用上游主导企业面对下游具有很多竞争性厂商的一体化决策模型，并经美国铝业公司(Alcon)前向一体化案例检验，指出上游主导企业只要一体化下游富有弹性的企业就可以实行价格歧视：降低富有弹性企业的供给价格，提高缺乏弹性企业的供给价格，从而对传统的、不愿意使用铝材料的企业而实行前向一体化的说法提出了质疑。

Bain(1956)最早讨论了买方垄断的产业链进行后向一体化的问题，认为主导制造商的后向一体化使竞争者必须进入两个阶段的生产，形成资本进入壁垒，从而可以起到阻止竞争者进入，保持垄断地位的作用。Bassett(1976)的研究认为，后向一体化减少了买方垄断的无效率，提高了社会福利。

对于其他市场不完全问题，如外部性、不确定性和信息不对称等导致垂直一体化的动机分析，国外学者也做了大量的研究成果。

Mathewson、Winter(1984、1986)和Perry、Porter(1986)以制造商和零售商之间一体化为例，对解决广告和售前服务等一系列存在的外部性问题进行了研究，认为垂直一体化可以有效解决这些问题，但对一体化的福利评估需要在相关的非价格维度上进行检验，情况通常都比较复杂。

Carlton(1979)、Malmgren(1961)、Arrow(1975)、Green(1986)和Bolton、Whinston(1993)等都对投入品供给的不确定性问题进行了研究，认为投入需求的不确定性和市场失灵结合起来，将会造成下游企业具有部分或全部后向一体化的动机以保证供给；垂直一体化的强烈动机源自于垂直一体化企业能够高概率地满足中间品需求，将中间品的供给风险转嫁给其他企业。

Arrow(1975)、Crocker(1983)以及Riordan和Sappington(1987)等通过建立委托代理模型讨论信息不对称导致的效率损失问题，提出一体化是一种更有效的获取私人信息的新机制，可以有效减少故意隐瞒信息的动机，解决信息不对称带来的效率损失。

3.2.3 交易成本节约因素

交易成本框架实际上已经涵盖了所有传统的市场失灵的来源，或者说市场不完全是导致垂直一体化的动机的传统理论都能在交易成本框架下得到合理解释（Joskow，2002）。交易成本理论的重点在于超越传统的外部性、不确定性和风险分担等理论束缚，从这些因素以外寻找关于产业链垂直控制的合理解释。交易成本理论涉及面非常广泛，总结交易成本在垂直一体化中的应用，可以从以下几个方面得到反映。

（1）契约与垂直一体化只是众多可供选择的市场机制中的两个极端，无论是通过契约进行的市场交易，还是通过一体化进行的内部交易，选择的目的只有一个，那就是降低交易关系中伴随事前投资和事后执行的低效率。市场交易和一体化各有利弊：市场交易必然产生订立和执行契约的成本，以及由机会主义行为所带来的事前和事后的无效率；一体化虽然可以降低这些交易成本，但又会引发其他内部交易成本或组织成本。是否应该一体化关键取决于一体化的成本与其他可行机制的成本之间的比较（Williamson，1971、1975、2000；Arrow，1975；Hart，1995）。

（2）资产专用性和不完全契约对事前投资、事后调整以及契约执行都会产生不利影响，增加交易成本。如果这些交易成本内部化获得的好处大于这样做所带来的资源配置效率损失，那么垂直一体化就会出现（Grossman、Hart，1986；Hart、Moore，1990；Hart，1995；Makin、Tirolt，1999；Klrin，2002）。

威廉姆森（1985）指出，交易费用的节约是造成一体化决策的主要因素，但不排除还存在其他因素，它们中的某一些有时会同时发挥作用。在图 3-3 中，纵轴表示交易成本，横轴表示资产专用性。当资产专用性小于 K_1 时，专业化分工交易费用较低，市场交易制度安排是最优的决策；当资产专用性大于 K_2 时，一体化交易费用较低，企业组织内部交易制度安排则是最优决策。当资产专用性在 K_1 与 K_2 之间时，则基于专业化分工的协作，形成多种形式的关系合同则是最优选择。

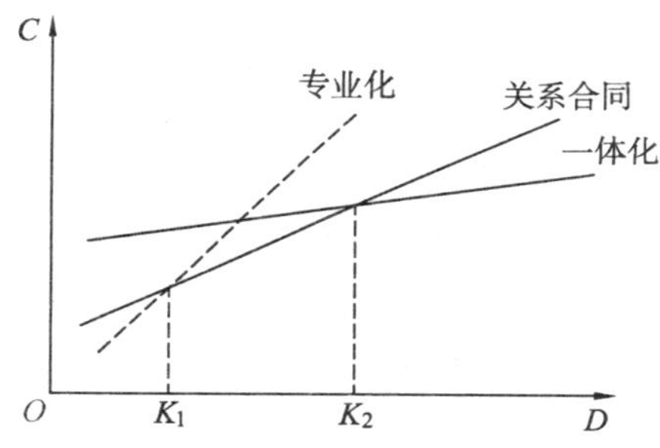

图 3-3 交易费用节约与产业链一体化

3.3 产业链整合理论

3.3.1 产业组织理论的研究

产业链整合的理论源头可以追溯到马歇尔，但产业链整合的思想源头当然还在亚当·斯密。亚当·斯密的《国富论》就已经揭示，工业生产是一系列基于分工的迂回生产链条，并详细分析了分工的好处。后来马歇尔则在《经济学原理》中系统地分析了如何通过企业的组织管理来实现这种好处，提出了规模经济性问题，认为这种经济性是"现在同一工业或行业中许多企业合并成为一个大的联合组织的倾向的主要原因之一，也是包括德国的卡特尔和集中的合作组织在内的各种同业联合的主要原因之一"(Alfred Marshall，1890)。

随着现代大型制造业的兴起，由规模经济性导致的垄断趋势与完全竞争市场的信念之间的冲突越来越激烈，相应产生了许多研究成果。斯拉法(Piero Sraffa,1926)首先从理论上阐述了规模经济与完全竞争的不相容性,随后张伯伦(Chamberlin,1933)、罗宾逊夫妇(Robinson JoanV,1933)等开始逐步放弃完全竞争市场的假设,试图在实现规模经济和取得较好的资源配置效果之间寻求平衡,克拉克(Clark John, 1940)提出可行竞争(Workable Competition)的概念清晰地表明了这种转变。

现实中垄断的存在,使人们意识到企业实际上拥有影响市场价格的市场力,可以在边际成本之上甚至平均成本之上出售产品,获取垄断利润。因此,企业竞争的一个重要方面就表现在如何获得这种市场力。产业链整合(垂直合并、水平合并或者向其他企业施加多种形式的约束)就是其中重要的可行手段之一。哈佛学派、芝加哥学派和新产业组织理论从不同角度分析了通过产业链整合获得市场力的过程。

以梅森、贝恩为代表的哈佛学派提出了结构(Structure)—行为(Conduct)—绩效(Performance)分析范式(SCP),主要考察了市场集中度、进入壁垒、产品差别化程度等市场结构因素对企业价格和产量决策的影响,进而对不同市场结构下的资源配置效率进行了评价(Bain Joe S, 1968)。谢勒(Scherer F M,1970)从SCP范式的各个环节出发,分析了它们存在的反馈效应(Feedback Effects)。迈克尔·波特(Michael E Porter,1980)把这一理论应用到企业的战略分析中,提出了"五力模型",即通过分析产业中供方的定价实力、买方议价实力、新进入者的威胁、替代品的威胁、现有公司的竞争威胁等5种影响产业利润的因素,选择合适的产业定位,并创造对自己有利的竞争态势。

以斯蒂格勒(Stigler George L)、布罗曾(Brozen Yale)等人为代表的芝加哥学派对SCP范式持批评态度,主张把价格理论模型作为分析市场的基本工具,认为市场竞争过程是市场力量自发作用的过程,是一个适者生存、劣者淘汰的"生存检验"过程。企业自身效率的提高,导致了企业利润的增加和规模的扩大,从而使市场集中度提高并使市场势力得以增进(Demsetz,1973)。既然市场结构是竞争原则——优胜劣汰的结果,政府的干预就必须慎重。SCP范式揭示了企业可以通过产业链融合以获得市场力,芝加哥学派则暗示了企业能力差异也是导致产业链整合的重要原因。

新产业组织理论(NIO)广泛使用非合作博弈分析方法对企业策略性行为进行分析,揭示出产业链中的厂商通过实施一系列策略对产业链上其他厂商进行纵向控制,从而扩张市场力,实现自身的利润最大化。阿罗的研究表明,如果投入物的供给是随机的,并且上游生产商对于实际供应拥有更多的信息,那么下游生产厂商会产生后向一体化的动机,以改善其投入品市场信息的质量(Arrow,1975)。由于没有实现一体化的企业在纵向上存在着双重加价(Double Marginalization)的价格扭曲现象,即每个企业在每个价值阶段上都加入自己的边际成本,从而导致整个产业链的利润低于一体化时的利润,所以存在纵向的外部性。厂商可以通过纵向合并或施加纵向约束(如收取特许费、转售价格持平等方法)将这些外部性内部化,从而最大化产业链利润。另外,能够增加某一类产品最终需求的信息对同一市场竞争的零售商来说是一种公共产品,零售商之间搭便车倾向可能导致其向消费者提供的信息不足。例如,消费者可能在一个零售商处获得售前服务,而在另一个零售商处购买产品,于是提供这些服务的零售商就要蒙受损失。零售商不愿花费更多的成本来提供这些服务,这就产生了横向的外部性。要解决这些外部性问题,制造商可以对零售商施加独占交易、排他性区域安排、转售价格控制等纵向约束来克服这种搭便车行为。

3.3.2 交易费用理论的研究

从科斯(Coase)开创性地提出企业和市场都是协调生产的、可互相替代的方式开始,人们逐步打开了企业这种组织的"黑箱"。科斯认为,市场组织经济活动是有成本的,企业内部组织经济活动也是有成本的,因此,企业的边界取决于这两种成本在边际上的比较。实际上，科斯的理论指出了企业扩张的边界：即使不考虑市场、技术、管制等方面的约束或限制，企业的扩张也只能存在于交易成本节约的边界之中，企业的扩张不是无边的。

威廉姆森对交易费用进行了考察，认为交易费用是在环境不确定性条件下由人的有限理性和机会主义倾向所产生的，与资产专用性（Asset Specificity）程度、资产被利用的频繁程度和环境的不确定程度有关。一般来说，由于企业投资的资产具有专用性，这种资产交易更有可能在企业内部进行，以减少在投资完成之后机会主义伙伴掠夺性利用的机会。因此，实行纵向一体化的主要目的就是为了节约交易成本。本杰明·克莱茵等人的研究还进一步指出，资产专用性产生了可占用性准租金（Appropriable Specialized Quasi Rents），这种准租金使机会主义行为有可能变成现实，从而增加市场缔约费用。当市场缔约费用大于一体化费用时，资产所有者就会进行一体化。

至于在一体化时应该由谁拥有整合后的控制权问题，格罗斯曼（Crossman）和哈特（Hart）等人认为，由于信息不完全性和有限理性等原因，所有合同都是不完备的，都有遗漏和疏忽之处，相应地就产生了剩余索取权。纵向一体化虽然可以节约市场上机会主义带来的交易费用，但由于被一体化的一方失去了对原来企业剩余索取权的控制，也就失去了获得剩余索取权的激励，从而产生效率损失，这是一体化带来的成本或费用。纵向一体化到底是否会发生，就取决于一体化节约的市场交易费用和带来的成本费用之比较。同理，谁一体化谁的问题也就取决于哪种方案节约更多的市场交易费用或者带来更少的一体化成本。显然，不同的一体化方案对市场交易费用的节约并没有多少差异，而不同投资方的一体化成本差异则是明显的，因此，投资最重要的一方理应处于整合的主导地位。

迈克尔·迪屈奇批评了以威廉姆森为代表的交易费用经济学的静态观点，他将规模经济有效利用的程度和交易费用的节约结合起来,用以解释产业链整合的多样化形式(紧密、半紧密),指出:"当组织的、技术的和产品市场的特征的一般性质给定后,变化的管理机构效益将反映经济单位的比较优势","当存在着只可意会、不可言传的知识或独特的专门知识时,竞争将建立在技能的基础之上,结果使得战略改变具有最重要的意义。差别的技能将决定公司能对环境作出反应和施加影响的程度"。迈克尔·迪屈奇提出的规模经济的利用程度取决于企业的差别化技能的观点,提醒我们对一体化问题的研究还需要从企业外部、从资产专用性等技术因素转移到企业内部的企业能力上来。

3.3.3 企业能力理论的研究

潘罗斯(1959)的企业能力理论强调了企业的独特作用,认为企业并不像契约理论描述的那样仅仅是一个"中心签约人",而是由具有诸多潜在服务效用的、不同性质的资源组合而成的集合体,资源发挥效用的范围由企业现有的知识水平决定。企业是知识的集合,也是能力的集合。

1990 年 Prahalad 和 Gary Hamel 发表的《公司核心能力》一文指出,企业优势的形成和拓展与企业核心能力(企业内部一系列互补的技能和知识的结合)的形成及保有密切相关,企业能力的积累和存储显著影响着企业的边界和范围,特别是横向多角化经营的广度和深度。

然而,在多数情况下,最终产品的生产会超出单个企业的能力和资源范围,因而,企业必须将内在能力与外在条件以合适的方式组合起来,以便最大限度地满足顾客需要和保证企业盈利。曼哈尼和潘汀通过区分"竞争性协同"和"特殊性协同"证明组织在将不同能力紧密结合起来的时候创造价值,这促进了对联合的需要(Mahoney J T、Pandean J R,1992)。

企业培育基于不可模仿能力的竞争优势,是为了获得理查德租金或垄断租金,并且长期持续性地占有这些租金。但是,当基础性知识广为传播时,能力的扩散会变得非常迅速,甚至一些只能意会不能言传的知识也能被复制，企业核心能力的竞争优势会被迅速削弱。这时特殊性协同会转化为竞争性协同，市场交易成本发生变化，企业纵向分离的可能性增强。

租金耗散的可能性伴随着知识的扩散而提高，因而企业必须不断追求新的能力，不断更新企业的竞争优势。Allan Afuah(2001)认为，企业通过整合以不断获取竞争优势，应该“绑定”新技术，而不是“绑定”旧技术。当技术发生变迁的时候，企业的效率边界是动态的：在技术变迁的早期阶段，企业进行后向整合是有利的，这便于企业尽快吸取新技术；而当技术已经发生不连续的变迁，有可能使得原有的能力过时的时候，非一体化是一个更好的选择。

总之，产业链的整合方式与企业之间的能力分布有关，也与协作的交易成本有关，并受到企业战略的影响。在变化的环境中，产业链整合成为更新企业能力的战略工具。

3.4 经济规制理论

3.4.1 垄断的效率损失与规制

垄断带来低效率已是人所共知的事实。垄断的效率损失主要来自于以下两个方面。

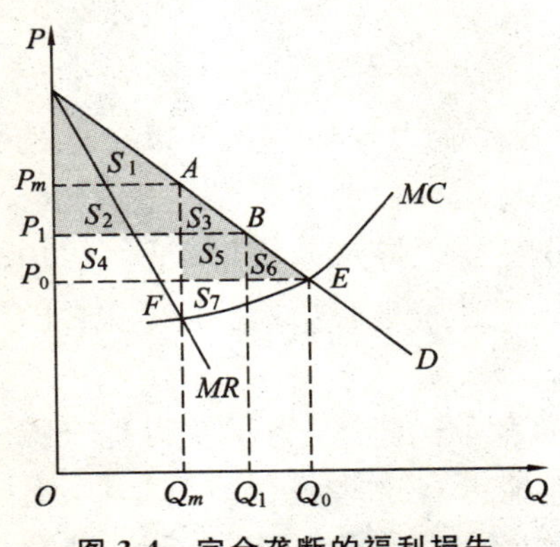

图 3-4 完全垄断的福利损失

一方面，垄断厂商对利润最大化的追求导致价格扭曲。垄断使厂商能够通过自己的行为来控制市场价格，因此厂商面对的是一条向下倾斜的需求曲线。利润最大化动机驱使它按边际收益等于边际成本原则定价，使价格高于完全竞争时的价格，产量则低于完全竞争时的产量，如图 3-4 所示。

为简单起见，假定厂商的平均成本 AC 与边际成本 MC 相等且固定不变，垄断厂商按利润最大化原则确定的均衡价格为 P_m，高于完全竞争时的均衡价格 P_0；均衡产量为 Q_m，低于完全竞争时的均衡产量 Q_0。这意味着消费者不得不承受高价格和低产量，造成的福利损失是$(S_2+S_3+S_4+S_5+S_6)$，而垄断厂商福利的增加仅为$(S_2+S_4-S_7)$，两者之差$(S_3+S_5+S_6+S_7)$为净福利损失。可见单一市场中的垄断会造成社会福利损失，导致资源配置的低效率。

另一方面，垄断的存在减少了竞争，从而导致了垄断厂商内部的低效率。在市场上垄断得以存在的情况下，垄断厂商降低成本的压力大大减轻，自然也就失去了努力提高资源利用效率的动力，更何况垄断厂商还可以进一步抬高销售价格或者压低采购价格，向消费者或供应商转嫁成本，从而使无谓损失增大。因此，垄断不仅会造成资源配置的低效率，而且还会增加生产过程中的无谓损失，导致资源利用的低效率。

垄断导致资源配置和资源利用的低效率，会引起社会强烈的不公开感，这为政府规制提供了理由。对于单个市场上垄断，最常见的政府规制方法就是限定价格。一般情况下，政府可以制定一个低于垄断价格、高于边际成本的价格（如图 3-4 中的 P_1），促使垄断厂商在较低的价格下提高产量，进而让消费者享受较低的价格和较高的产量。从资源配置角度分析政府规制的作用，主要体现在两个方面：一是使垄断厂商的垄断利润下降，减少的这部分利润转移给了消费者，从而增加消费者的社会福利水平；二是使社会净福利损失下降，减少的社会净福利损失的一部分转移给了消费者，增加消费者剩余，另一部分转化为垄断厂商的利润，弥补利润的损失。

在图 3-4 中，当政府制定 P_1 的管制价格时，产生了两个方面的结果：一是垄断利润减少 S_2，这部分利润全部转化为消费者剩余；二是社会福利净损失减少(S_3+S_5)，其中 S_3 转化为消费者剩余，S_5 转化为厂商利润。可见，价格规制具有很强的社会福利再分配效果。

事实上，完全竞争只是一种理论假设，在现实中不同程度的垄断现象普遍存在，在单个产品市场是如此，在一系列产品相关联的产业链上也不例外，甚至产业链上几乎所有层级都不是完全竞争的，它们的市场地位并不平等。人们观察到的许多现象都说明了这一点。例如国内有些装备制造业基础零部件被国外厂商垄断，国外供应商在基础零部件供给、价格、供货期、规格等多方面对我国采取限制措施，大约有 70%的行业利润被进口零部件吃掉。再如在零售行业，一些大型超级市场凭借其在零售市场上的垄断优势，通过毫不留情的压价几乎榨干了供货商的利润。这种产业链中某一层级企业的垄断势力跨市场作用的结果，除了造成市场价格扭曲和产出扭曲之外，还会形成严重的反竞争效应。例如，以其垄断地位有选择地支持下游竞争性行业中的某些企业，而将其他企业逐出市场；限制潜在上游竞争者接触下游客户，制造进入壁垒，防止潜在竞争对手的进入而维持垄断地位；在上游企业之间或者在上游企业与部分下游企业之间进行合谋，形成对其他企业的排他效应。严重的产业链垄断势力的存在，在极端的情形下甚至还会导致产业链中某些环节的交易失败，从而导致整个产业链条断裂，这不仅会降低产业链的效率，而且还会阻碍整个经济系统的有效运行。当然，产业链中排他性的垄断并不会必然引发上述效率损失(如由规模经济、网络经济效应导致的产业内某一层级的自然垄断就具有一定技术和经济的合理性)，但垄断必然意味着反竞争，因此，有效识别垄断势力跨市场作用的效果并对其危害加以规制，自然就成为保证市场经济健康运行需要关注的重点。

3.4.2 外部性的效率损失与规制

外部性就是由市场主体的交易活动产生，却由交易主体以外的第三方所承担的额外成本(或收益)。外部性反映了市场失灵的一种形式,它的存在会使市场机制失效,从而导致资源配置发生扭曲。例如,当存在额外成本(负外部性)时,市场主体关注的私人边际成本就会小于社会边际成本,市场均衡的结果是生产过度,资源被过度利用;而当存在额外收益(正外部性)时,私人边际收益小于社会边际收益,结果导致生产不足,资源不能被有效利用。这里以负外部性为例说明其效率损失。

在一个竞争性市场上,如果厂商成本中有不需要自己承担的部分(外部成本),这样市场均衡的利润最大化产量将会过高,即生产过量。如果市场上所有厂商都以同样方式进行生产,其结果就会如图 3-5 所示。图中 DD 为市场需求曲线,即所有厂商需求曲线的总和;S 为产业的供给曲线,由经济学原理可知,短期供给曲线一般与短期边际成本一致,即 $S=MC$;MEC 代表与产出相关的边际外部成本曲线,一般情况下产量越高污染也就越厉害,对环境造成的危害也就越大,即 MEC 是随着产出而递增的;MSC 表示边际社会成本曲线,是所有厂商边际生产成本与边际外部成本的总和,即 $MSC=MC+MEC$。

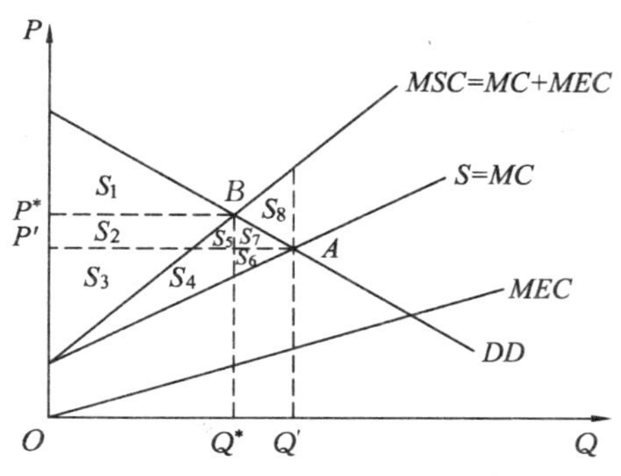

图 3-5　负外部性与经济规制

由于存在负外部性,按厂商边际生产成本 MC 实现市场均衡的利润最大化产量Q'，大于按边际社会成本MSC实现均衡的最大产量Q^*。在市场均衡产量为Q'时，全部社会剩余可表示为：消费者剩余$(S_1+S_2+S_5+S_7)$+生产者剩余$(S_3+S_4+S_6)$−外部成本$(S_4+S_5+S_6+S_7+S_8)=S_1+S_2+S_3-S_8$。而在将外部性内在化后达到有效率的产量$Q^*$时，全部社会剩余为$(S_1+S_2+S_3)$。两者相比，外部性导致了$S_8$的社会福利损失。由此可见，竞争性产出$(Q',P')$是无效率的，存在无谓损失。

外部性除了导致短期生产无效率外，还会引发长期生产无效率。在实现长期均衡时，价格应等于长期成本，因此，市场竞争必然将成本过高的厂商淘汰出市场。但当存在负外部性时，厂商平均生产成本将会低于平均社会成本，同样的市场竞争就不会逐出全部低效率厂商，从而使部分低效率的厂商能够在产业中长期存在下去，从而降低整个产业的长期效率。

产业链上的外部性较单一产品市场上的外部性复杂，主要有以下几种形式。

(1) 双重加价(Double Marginalization)

在产业链上下游企业都拥有垄断势力的情况下，他们都会利用其对价格的控制而在成本中加上一个加成，从而不断使价格偏离边际成本，降低整个产业链的效率。之所以产生这种外部性，是因为每个企业在制定最终价格时都没有考虑对相关企业利润的影响。例如，下游厂商在制定价格时只是在其成本增加与销量减少之间进行权衡，而没有考虑销量的变化是否会对上游厂商适宜的规模及利润产生影响。

(2) 双边道德风险

在产业链的上下游之间，一方的努力程度不仅会对自己的业绩产生影响，还可能会对对方的业绩产生影响。例如处于产业链下游的零售厂商，其促销、产品展示、免费接送、销售服务等努力能提高销售量，对上游生产厂商产生正外部效应；而上游生产厂商的品牌宣传、质量保证、售后维修等努力也会对下游零售厂商产生正外部效应。如果上下游厂商之间契约并不完备，双方都会倾向于搭便车，其结果是整个产业链的利润下降，最终双方都将受损。

(3) 同层次竞争厂商之间搭便车效应

在产业链上同一层次，一个厂商的技术培训、技术支持、维修设施、广告宣传以及其他促销努力，都有可能对同层次的其他厂商产生正的外部性，这些投资往往都不是品牌专有的，同样可以为其他品牌所利用。这样产业链的同层次竞争厂商之间，就可能会倾向于减少这些方面的投资，而期待搭对方的便车。

(4) 同层次厂商之间竞争效应

在一个不完全竞争市场上，当一个厂商试图通过提高产品销售价格来获取更高利润的时候，市场竞争会提高对手产品的需求量，从而对其他厂商就产生了正的外部效应。同样，一个厂商的降价促销也会给其他厂商带来负的外部效应。

纠正单个产品市场上负外部性带来的无效率，可以实行各种管制措施，如制定污染排放标准、收取排污费、制定排放配额并建立市场交易机制等，其基本思想就是设法使外部成本内部化，使厂商的边际生产成本移动到边际社会成本的位置。

但是，政府规制并非无成本的。与不管制相比，政府规制使产品的价格上升、产量降低，消费者剩余和生产者剩余都会下降。在图 3-4 中，若政府规制使产量从 Q' 降到 Q^*，相应地消费者剩余从($S_1+S_2+S_5+S_7$)降为 S_1，生产者剩余从($S_3+S_4+S_6$)降为(S_2+S_3)。与消费者剩余的变化相比，厂商受到的影响相对较小，因为厂商可以通过提高价格和减少产量将控制污染的成本转嫁到消费者身上。也就是说，降低污染的环境规制政策使整个社会受益，而转嫁的成本则由受规制产业的消费者承担。

对产业链垂直市场结构而言，由于产业链上的外部性对在位主导企业产生的影响一般都是负面的(虽然对在位主导企业也有积极的影响)，其作用要么是降低产业链的联合利润，要么会妨碍在位企业垄断势力的行使，从而降低在位企业的利润。因此，纠正产业链外部效应一般都是由在位主导企业发起，通过诸如一体化或产业垂直控制等手段实施。

3.4.3 不完全信息的效率损失与规制

完全信息只是市场的理想状态，现实市场中信息往往是不充分、不对称的，其原因是多方面的。例如厂商出于自身利益的考虑不愿意向消费者提供信息；消费者获取信息是有成本的，需要权衡边际成本与边际收益；有些产品质量和安全的信息难于获取，需要具备一定的专业知识；信息的获取难于避免免费搭车效应；等等。

信息的不完全会造成市场效率损失。例如质量信息不对称可能导致“柠檬市场”——低质量产品挤压高质量产品；厂商与消费者信息不对称使厂商获得市场势力，能够高于边际成本定价、实行价格歧视或销售有潜在危险的商品。

市场信息不完全并非都需要政府规制，因为有时市场自身能够提供一些解决机制。例如提供免费保修来显示产品的高质量，避免或减轻“柠檬市场”效应；形成次级市场，包括证明服务、保险、中介服务等，为消费者了解信息提供便利。

但是，市场提供的解决方案并非都是充分的，这为政府规制提供了理由。政府可以通过多种方法进行规制，例如政府直接提供信息(公开质检信息)，要求厂商主动披露信息，颁发许可证，制定强制性质量标准，禁止有危险的产品销售等。

与外部性规制相类似，针对不完全信息的规制也会造成厂商成本上升，而且这些增加的成本同样是以提高产品价格和减少产量的方式转嫁给消费者。另外，对不完全信息的规制除了具有矫正信息不完全的效率损失功能外，其本身也可能造成对完全竞争的背离，这从许可证制度的经济分析中可以清楚看出来。

如图 3-6 所示，假设在一个完全竞争市场中，所有厂商具有相同的成本函数，市场需求曲线为曲线 D，行业短期供给曲线为曲线 S_1，短期市场均衡的价格为 P_1。显然，该行业具有正的经济利润，从而将吸引新的投资者进入。在图 3-6 中，如果没有进入限制，长期均衡将在价格降为 P_0 时实现，均衡点（Q_0，P_0）是有效率的。政府为了规制信息不完全，设置许可证制度，此时部分投资将被阻挡在外，行业供给只能扩大至曲线 S_2，市场均衡只能在点 M 实现，均衡价格与产量分别为 P_2 和 Q_2，与点 E 相比，消费者付出的价格更高，可获得的产品数量却更少。可见，许可证制度降低了消费者的福利，提高了厂商利润。

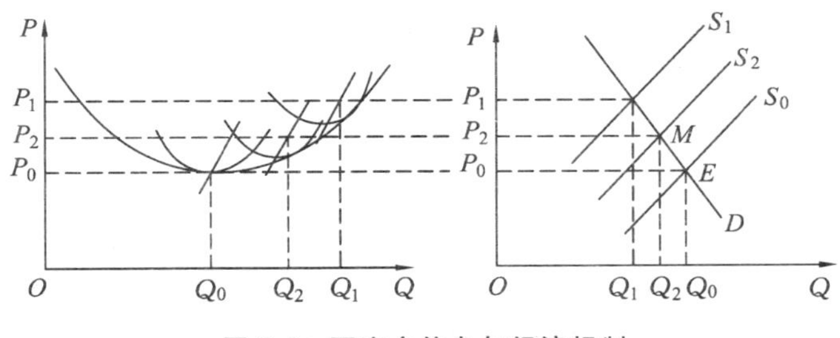

图 3-6　不完全信息与经济规制

总之，规制政策既存在有利的一面，又有不利的一面，它在纠正一种市场失灵的同时，可能会带来其他方面的一些问题。因此，政府规制应当权衡利弊，尽可能选择高效率的规制政策以降低成本，增加社会福利。

3.5　本章小结

本章的研究意在为风电产业链培育和发展奠定理论基础。综述产业链控制理论、产业链整合理论和经济规制理论成果，可以得到以下几个具有指导意义的结论。

(1) 产业链分化和整合是相互区别又相互联系的产业链演化过程

通常产业链分化是由规模经济、专业化生产、产业分工所引起的,但一定时期产业链分化的深度是有限的:基于规模经济的产业链,其分化一般止于规模报酬递减之时;基于专业化分工的产业链,其分化则止于专业化递增效果结束之时。因为随着产业规模的不断扩张和专业化程度的不断深化,边际生产成本会不断提高,向下倾斜的需求曲线会阻止产业链的继续分化。产业链整合则是产业分化之后各环节之间实现互相协作的要求。产业链的分化过程实质上还是以协作为基础的,产业链的分化使整个产业链生产系统的复杂性提高,进而增加了协调的难度和协调失灵的风险。为了获得分工经济的好处,就需要建立一定的协调制度。也就是说,协作是获得分工经济好处的必要条件,不管这种协作是通过市场交易实现的,还是在一个组织内完成的。

(2) 产业链垂直控制策略选择与产业链垂直市场结构及其效率相关

产业链垂直控制策略包括垂直一体化和垂直约束,垂直一体化始终是产业链垂直关系问题研究的重点。产业链垂直市场结构在上下游市场的 3 种可能选择(完全垄断、寡头垄断、完全竞争)中有 9 种排列组合方式,但形成什么样的市场结构,根本性的决定因素还是规模经济性。此外,产品的同质性、进入壁垒、范围经济性、交易成本、网络外部性等都是决定产业链垂直市场结构的重要因素。垂直控制策略的选择的决策目标是垂直结构的总利润最大化,并受到垂直控制策略效率的影响。

(3) 产业链垂直控制的动机主要有技术因素、不完全市场因素和交易费用节约因素等

对技术的获取以及由技术因素而产生的成本节约是对垂直一体化最直观的解释。由技术因素推动的垂直一体化行为降低了纵向相邻生产环节的生产成本,最终促进了消费者和社

会福利的提高。市场不完全主要由不完全竞争(或垄断)以及其他诸如外部性、信息不对称等问题所引发。促使垄断性企业将相邻生产环节的竞争性企业一体化的动机主要来自3个方面:一是将不完全竞争造成的效率损失内部化;二是将租金获取的能力延伸到相邻的竞争性阶段;三是希望对竞争性生产阶段实行价格歧视。

(4) 产业组织理论着重于企业提升市场势力的动机对产业链整合的影响

产业组织理论认为企业竞争的一个重要方面表现在如何获得这种市场势力,产业链整合(垂直合并、水平合并或者向其他企业施加多种形式的约束)就是重要的可行手段之一。在对产业链整合获得市场力的问题上,虽然不同学派的研究视角不同,但结论是一致的,即产业链整合有助于产业主导厂商提升其市场竞争力。

(5) 交易费用成本理论对垂直一体化动机的解释更具有一般性

可以说,传统的因市场不完全而导致垂直一体化的问题,都能在交易成本框架下得到合理解释。交易费用理论从企业扩张只能存在于交易成本节约的边界之中这一角度出发,分析了产业链整合问题。该理论认为纵向一体化虽然可以节约市场上机会主义带来的交易费用,但由于被一体化的一方失去了对原来企业剩余索取权的控制,也就失去了获得剩余索取权的激励,从而导致效率损失,这是一体化带来的成本或费用。纵向一体化到底是否会发生,取决于一体化节约的市场交易费用和带来的内部组织费用的比较。同理,对于究竟谁一体化谁的问题,也就取决于哪种方案节约更多的市场交易费用或者带来更少的一体化成本。显然,不同的一体化方案对市场交易费用的节约并没有多少差异,而不同投资方的一体化成本差异是明显的,因此投资最重要的一方通常处于产业链整合的主导地位。

（6）企业能力理论研究认为产业链的整合方式与企业之间的能力分布有关

企业能力的积累和存储显著影响着企业的边界和范围，并且在将不同企业能力紧密结合起来的时候，产业链整合组织能够创造价值，这促进了对联合的需要。在变化的环境中，产业链整合成为更新企业能力的战略工具。

（7）产业链整合不仅是一个市场制度的选择问题，也是一个经济规制问题

虽然在市场环境下，产业链上的企业可以通过一体化、垂直约束等方式进行产业链整合，但产业链控制本身也有可能产生效率损失，特别是在企业以强化市场力动机下进行的整合，自然会增强垄断，限制竞争，最终使社会福利水平下降。因此，对产业链的整合也需要经济规制。

（8）对垄断的经济规制需要权衡垄断的效率损失与规制的成本

垄断带来低效率的原因有两方面：一是由于垄断厂商对利润最大化的追求导致价格扭曲；二是垄断的存在减少了竞争，从而导致了垄断厂商内部的低效率。政府需要对价格扭曲实行管制价格，价格规制具有很强的社会福利再分配效果。对于反竞争效应，需要有效识别垄断势力跨市场作用的效果，并对其危害加以规制，这自然就成为保证市场经济健康运行需要关注的重点。

（9）经济规制的理由还表现在外部性和不完全信息引起的效率损失上

外部性和不完全信息的存在会使市场机制失效，从而导致资源配置发生扭曲。在存在外部性和信息不完全时，竞争性产出是无效率的，存在着无谓损失。纠正办法就是实行经济规制，其基本思想就是设法使外部成本内部化，使厂商的边际生产成本移动到边际社会成本的位置。经济规制既有有利的一

面，又有不利的一面，它在纠正一种市场失灵的同时，可能会带来其他方面的一些损失，经济规制也是有成本的。因此，政府规制应当权衡利弊，尽可能选择高效率的规制政策以降低成本，增进社会福利。

4 全球风电产业链的发展现状

以风电产品为主线形成的风电产业链，如果不考虑前向或后向延伸的可能性，则主要由风力发电场、风力发电机整机制造和风力发电机零部件制造等行业所组成。其中，风力发电场直接生产风电产品，处在产业链的下游，而风力发电机整机制造和风力发电机零部件制造则分别处在产业链的中游和上游。从上述风电产业链的结构可以看出，风电产业链的发展关键在于利用风能发电技术的成熟程度，如果没有这些技术凝结的强大风电设备制造业作为后盾，风力发电的兴盛便无从谈起。可以这样说，风电产业链的培育和发展关键在风电设备制造业。

20 世纪 90 年代以来，全球风电装机容量以年平均超过 30%的速度在全球各地迅猛发展，风能已成为 21 世纪人类社会可持续发展的最具发展前景的新动力源。根据欧洲风能协会和国际绿色和平组织的预测，到 2020 年全球风电装机容量可能达到 12 亿千瓦，年发电量将超过 3 万亿千瓦时，占总发电量的 12%；此后，风电装机容量还将保持年均 1.5 亿千瓦的高速增长态势，到 2040 年，全球风电装机容量将达到 31 亿千瓦，所发电量相当于世界用电量的 22%。

近年来国内风电项目也吸引着越来越多投资者的积极参与，我国风电产业也已经进入高速发展的新阶段。但从技术经济角度分析，风电的经济价值与社会价值相背离、风电价格偏低与风电投资成本偏高相矛盾依然突出，已成为制约风电产业发展的关键问题。这里分别从世界风电装机容量、风电设备制造业发展情况等方面介绍全球风电产业链的发展现状。

4.1 世界风电装机容量发展概况

随着大型并网风力发电机(兆瓦级)制造技术的逐步成熟,近年来,世界风力发电规模正在快速扩张,装机容量和发电量都有迅猛的增长。这不仅表明世界风电产业发展具有十分广阔的前景,而且昭示着一个新的风电产业链正在快速兴起并发展壮大。近年来,世界风电产业开始进入快速增长时期,发展速度不断超出预期。2003—2007 年,全球风电平均增长率达到 24.17%。其中,2005 年比上年增长了 23.8%,2006 年增长了 25.6%,2007 年增长了26.7%,2008 年进一步提高到 29.0%。各年累计装机容量见图 4-1。

在全球风电装机容量的增长不断加速的同时,区域之间的分化格局也在不断加剧,正在形成美、中、法加速发展,北美、亚洲、欧洲"三驾齐驱"的发展局面。与 2005 年相比,2006 年世界各国风电装机容量增长速度大大加快,德国、西班牙、美国、印度和中国新增装机容量都超过了 1 000 兆瓦。从排名上看,虽然前 5 名并没有发生变化,但在前 5 名之后的许多国家都悄然加快了赶超的步伐。

例如,法国和加拿大 2006 年的增长速度超过了 100%,世界排名分别提升了 3 位和 2 位,中国更是大步超越意大利和英国,排名从第 8 位提升至第 6 位。

2007 年,虽然欧洲依旧保持着风电老大的地位(在世界风电装机容量前 10 名的国家中,欧洲就占了 7 个,特别是法国风电装机排名从第 10 位提高至第 8 位),但是欧洲整体的增长速度开始减慢:西班牙排名第 2 的位置被美国取代,中国排名也超过了丹麦,从第 6 位提升至第 5 位,加拿大也从第 12 位提升至第11位。

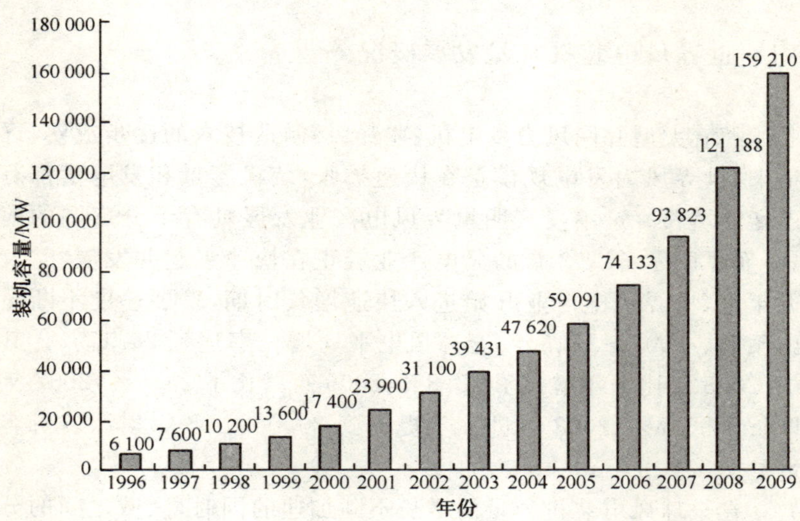

图 4-1　1996—2009 年全球风电累计装机容量

数据来源：根据全球风能理事会（GWEC）历年全球风电统计数据，以及 World Wind Energy Association（WWEA）的 *World Wind Energy Report 2009* 计算。

2008年，美国、中国、法国风电发展速度进一步加快。美国以年增50%的速度一举超过了德国，成为新的世界风电老大。中国则以年新增装机连续第5年、累计装机连续第3年实现翻番的速度，突破总装机容量万兆瓦大关，超过印度排名第4位。法国也进一步从第8位提升至第7位（见表4-1、图4-2）。

表 4-1 2005—2008 年全球风电装机容量排名情况

单位：MW

国家	2005 年		2006 年		2007 年		2008 年	
	装机容量	排名	装机容量	排名	装机容量	排名	装机容量	排名
德国	18 428	1	20 622	1	22 247	1	23 903	2
西班牙	10 028	2	11 615	2	15 145	3	16 754	3
美国	9 149	3	11 603	3	16 824	2	25 170	1
印度	4 430	4	6 270	4	7 845	4	9 645	5
丹麦	3 128	5	3 136	5	3 125	6	3 180	9
意大利	1 718	6	2 123	7	2 726	7	3 736	6
英国	1 353	7	1 963	8	2 406	9	3 241	8
中国	1 260	8	2 405	6	5 910	5	12 210	4
荷兰	1 224	9	1 560	11	1 747	12	2 225	12
日本	1 040	10	1 394	13	1 528	13	1 880	13
葡萄牙	1 022	11	1 650	9	2 150	10	2 862	10
奥地利	819	12	965	14	982	14	995	17
法国	754	13	1 567	10	2 454	8	3 404	7
加拿大	683	14	1 451	12	1 846	11	2 369	11
澳大利亚	579	15	817	15	824	16	1 306	14
希腊	573	16	756	16	871	15	985	18
瑞典	510	17	564	18	788	18	1 021	15
爱尔兰	496	18	643	17	795	17	1 002	16
挪威	270	19	325	19	326	19	428	19
其他	1 540		2 475		3 284		4 475	
合计	59 004		73 904		93 823		120 791	

数据来源：根据全球风能理事会（GWEC）历年全球风电统计数据，以及World Wind Energy Association（WWEA）的*World Wind Energy Report 2008*计算。中国风电数据不包括台湾省，2008 年中国风电装机容量小于施鹏飞先生统计的 13 242.2 MW。

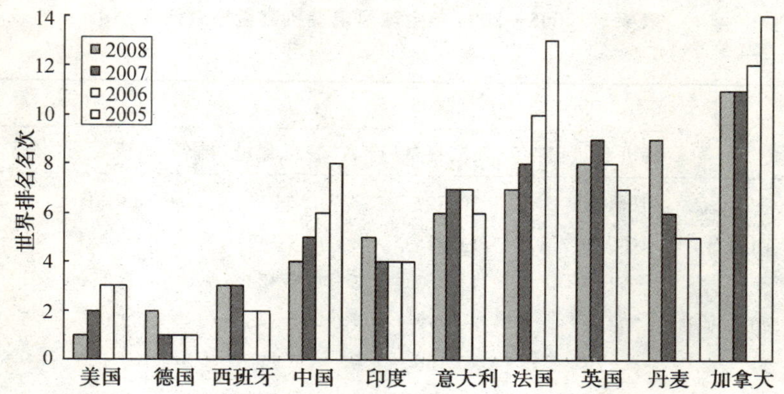

图 4-2　2005—2008 年全球主要风电大国累计装机容量排名

数据来源：根据全球风能理事会（GWEC）历年全球风电统计数据，以及 World Wind Energy Association（WWEA）的 *World Wind Energy Report 2008* 计算。

从当今主要风电大国的情况看，德国作为世界风电产业的领军者，风电产业发展十分迅速（见图 4-3）。

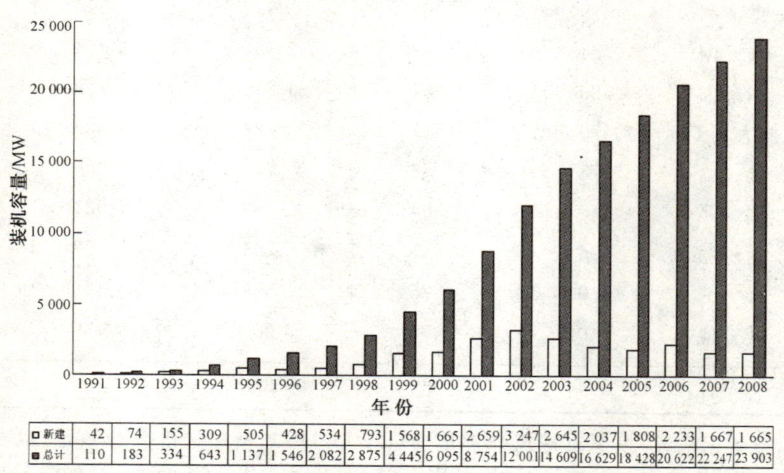

年份	1991	1992	1993	1994	1995	1996	1997	1998	1999	2000	2001	2002	2003	2004	2005	2006	2007	2008
□新建	42	74	155	309	505	428	534	793	1 568	1 665	2 659	3 247	2 645	2 037	1 808	2 233	1 667	1 665
■总计	110	183	334	643	1 137	1 546	2 082	2 875	4 445	6 095	8 754	12 001	14 609	16 629	18 428	20 622	22 247	23 903

图 4-3　1991—2008 年德国风电装机容量

数据来源：根据全球风能理事会（GWEC）历年全球风电统计数据，以及 World Wind Energy Association（WWEA）的 *World Wind Energy Report 2008* 计算。

2006 年，风力发电量 30.6 兆千瓦时，占当年本国发电量的 5.7%。

2007 年底，德国风电装机容量已达 22 289 兆瓦，约占全球的 23.6%，占欧洲的一半以上。

2008 年，德国累计装机容量虽然被美国赶超，但仍然保持在 23 903 兆瓦的高位，世界排名第 2 位。

如果按照近年来德国风电发展趋势预测，到 2010 年，德国风力发电量占电力总量的比重将可能提升至 8%，到 2025 年可能提升至 25%，到 2050 年有可能接近 50%。

在 2006 年之前，西班牙和美国的风电发展是紧随在德国之后的，其装机容量交替排在第 2 位和第 3 位。

在 2007 年后，美国风电装机容量的增长速度显著加快，2007 年美国风电装机容量再次超过西班牙，在世界风电装机容量中的比重提高到 17.9%（西班牙为 16.1%，见图 4-4）。

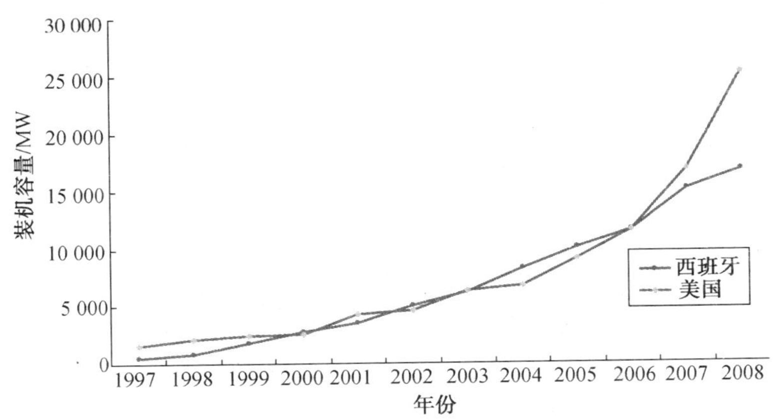

图 4-4 1997—2008 年西班牙、美国风电装机容量

数据来源：根据全球风能理事会（GWEC）历年全球风电统计数据，以及 World Wind Energy Association（WWEA）的 *World Wind Energy Report 2008* 计算。

2008 年美国更是以 50％的增长速度，累计装机装机容量达到 25 170 兆瓦，超过德国一举成为全球风电第一大国。

在发展中国家中，印度风电产业的发展是处于领先地位的（见图 4-5）。2007 年，印度风电装机容量排名世界第 4 位，本土风力机制造国产化率也达到 70％以上，从而对进一步降低风电成本、促进风电产业的发展提供了坚实的基础。从目前的发展趋势看，只要政府发展风电的政策取向不改变，印度风电产业的健康发展是可以保障的。

对世界风电产业的未来发展，全球风能理事会（GWEC）进行了科学预测。从预测结果（见表 4-2）来看，到 2020 年，风力发电成本还将下降 30％，全球风电累计装机容量增长还将保持 20％左右的复合增长率，风电产业将越来越具有商业吸引力。

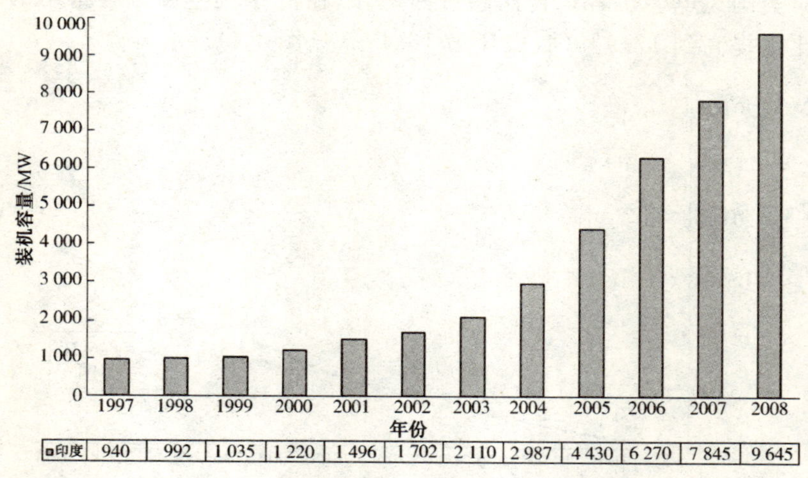

年份	1997	1998	1999	2000	2001	2002	2003	2004	2005	2006	2007	2008
▫印度	940	992	1 035	1 220	1 496	1 702	2 110	2 987	4 430	6 270	7 845	9 645

图 4-5　1997—2008 年印度风电装机容量

数据来源：根据全球风能理事会（GWEC）历年全球风电统计数据，以及 World Wind Energy Association（WWEA）的 *World Wind Energy Report 2008* 计算。

表 4-2　全球风电和电力需求增长预测

年份	年新增装机容量/MW	累计装机容量/MW	风电年电量/万亿 kWh	世界电力需求/万亿 kWh	风电占世界电力比例/%
2015	94 668	556 933	1 366	22 639	6.03
2016	108 868	665 790	1 633	23 198	7.04
2017	125 199	790 988	1 940.1	23 771	8.16
2018	137 718	928 707	2 277.9	24 359	9.35
2019	151 490	108 0197	2 649.5	24 961	10.61
2020	151 490	123 1687	3 021.1	25 578	11.81
2030	151 490	259 2424	6 358.7	31 524	20.17
2040	151 490	308 2167	8 099.9	36 585	22.14

数据来源：全球风能理事会(GWEC)全球风电预测数据。

4.2　我国风能资源分布及利用现状

4.2.1　我国风能资源分布状况

我国国土幅员辽阔，海岸线长，风能资源丰富。在 20 世纪 80 年代后期和 2004—2005 年，中国气象局分别组织了第二次和第三次全国风能资源普查，得出中国陆地 10 m 高度层风能资源可开发储量分别为 32.26 亿 kW 和 43.5 亿 kW、技术可开发量分别为 2.53 亿 kW 和 2.97 亿 kW 的结论。此外，2003—2005 年联合国环境规划署组织国际研究机构，采用数值模拟方法开展了风能资源评价的研究，得出中国陆地离地面 50 m 高度层风能资源技术可开发量可以达到 14 亿 kW 的结论。2006 年国家气候中心也采用数值模拟方法对中国风能资源进行评价，得到的结果是：在不考虑青藏高原的情况下，全国陆地离地面 10 m 高度层风能资源技术可开发量为 25.48 亿 kW，这一数字大大超过第三次全国风能资源普查的数据。

根据第三次风能资源普查结果，中国风能技术可开发（风能功率密度在150 W/m^2 及其以上）的陆地面积约为20万km^2。考虑风电场中风电机组的实际布置能力，按照低限3 MW/km^2、高限5 MW/km^2 计算，陆上技术可开发量为6亿～10亿kW。根据《全国海岸带和海涂资源综合调查报告》，中国内地沿岸浅海0～20 m等深线的海域面积为15.7万km^2。2002年中国颁布了《全国海洋功能区划》，对港口航运、渔业开发、旅游以及工程用海区等作了详细规划。如果避开上述这些区域，考虑其总量10%～20%的海面可以利用，风电机组的实际布置按照5 MW/km^2 计算，则近海风电装机容量为1亿～2亿kW。综合来看，中国可开发的风能潜力巨大，陆上加海上的总量有7亿～12亿kW，风电具有成为未来能源结构中重要组成部分的资源基础。

中国的风能资源分布非常广泛，其中较为丰富的地区主要集中在东南沿海及附近岛屿以及北部（东北、华北、西北）地区，内陆也有个别风能丰富点。此外，近海风能资源也十分丰富。

沿海及其岛屿地区风能丰富带，包括了山东、江苏、上海、浙江、福建、广东、广西和海南等沿海近10 km宽的地带，年风功率密度在200 W/m^2 以上。北部地区风能丰富带，包括了东北三省、河北、内蒙古、甘肃、宁夏和新疆等近200 km宽的地带，年风功率密度在200～300 W/m^2，有的可达500 W/m^2 以上，如阿拉山口，达坂城，辉腾锡勒，锡林浩特的灰腾梁、承德围场等。中国内陆地区年风功率密度一般都在100 W/m^2 以下，但有一些地区受湖泊和特殊地形的影响，风能资源也较丰富。近海风能丰富区，主要包括东部沿海水深5～20 m辽阔的海域面积，但由于受到航线、港口、养殖等海洋功能区划的限制，近海实际风能资源技术可开发量要小于陆上。不过在江苏、福建、山东和广东等地，由于近海风能资源开发距离电力负荷中心很近，同时由经济高速增长所带来的环境压力越来越大，迫切需要清洁绿色能源的替代，近海风能资源开发的经济及社会价值都特别明显。

4.2.2　我国风能资源利用的现状

风能是我国目前技术最成熟、最有开发利用前景的一种新能源。我国利用风能资源历史悠久，风能利用的主要方式有风力发电、风力提水、风帆助航等。

我国东南沿海、辽东和山东半岛以及海上岛屿等地区风能资源丰富，地表水源也丰富，是我国以抽提地表水为主的最佳风力提水区；内蒙古、青海、甘肃和新疆北部河谷地带风能资源丰富，地下水源也丰富，是我国以抽提地下水为主的较佳风力提水区。我国风力提水虽有悠久的历史，但直至20世纪70年代后，在风力提水机组的研制和应用技术方面才得以成熟发展，并用于农田灌溉、海水制盐、水产养殖、滩涂改造、人畜饮水、草场改良等提水作业，产生了较好的经济效益和社会效益。

我国风力发电起步较晚，但发展较快。小型风力发电机组从20世纪70年代开始，经过科技攻关、研制开发、示范试验、商品生产和推广应用等阶段，目前已全部实现国产化。到1998年底，全国小型风力发电机组保有量约16万台，年生产能力在万台以上，居世界首位。内蒙古商都牧机厂、内蒙古动力机厂和山西汾西机械厂是我国小型风力发电机的重点骨干企业。生产的产品除满足国内需要外，还向国外出口。大型风力发电机组的研制开发是从20世纪80年代真正开始的。“八五”期间，原国家计委和原国家科委分别将大型风力发电机组列入科技攻关项目。一方面，组织国内科研单位，对大型风力发电机组关键技术进行联合攻关，在此基础上自行研制开发；另一方面，组织国内企业单位引进国外大型风力发电机组，进行消化吸收，掌握大型风力发电机组制造技术，在此基础上进行组装或合作生产。1997年，浙江机电院等单位联合研制的200 kW风力发电机组于通过了国家级鉴定，并投入了小量生产。另外，组装和合作生产的国外大型风力发电机组的主要部件和配套设备亦已实现国产化。

我国在小型风力发电机组推广应用中已取得了明显的社会

效益。近年来,在风电场示范应用中亦取得了较好的经济效益。在我国广大边远地区,由于推广了小型风力发电机组,特别是百瓦级的小型风力发电机组,逐步解决了有风无电地区农(牧)户照明、电视、广播等生活用电的需要。

我国并网风电发展始于20世纪80年代,主要采用的是将多台大型风力发电机组组成风电场并入电网的运行方式。1983年,在山东荣成安装了3台丹麦Vestas 55 kW风力发电机,建设了我国第一个风电场。1989年,在新疆达坂城安装了13台丹麦Bonus 150 kW风力发电机组,在内蒙古朱日和安装了5台美国Windpower 100 kW风力发电机组,开始了风电场运行示范试验。从此,全国各地陆续引进国外机组建设风电场,装机容量逐年增长,但这一时期我国并网风电主要是利用国际贷款和CDM项目得以发展的,而且由于风电成本高,政策不明确,整体发展速度比较缓慢。直到进入21世纪,特别是在"十五"期间,我国风电发展才开始加速:总装机容量从2000年的346.24 MW提高到2008年的13 242.2 MW,增长了38倍;年新增装机容量从2000年的83.89 MW提高到2008年的7 190.2 MW,增长了近86倍(见图4-6);风电装机容量世界排名从2004年第10位、2005年第8位,上升为2006年第6位、2007年第5位,2008年进一步提高到第4位,受到全世界的瞩目。

总体来看,中国并网风电的发展分为3个阶段:

(1) 初期示范阶段(1986—1993年)

此阶段主要是利用国外赠款及贷款,建设小型示范风电场,政府的扶持主要在资金方面,如投资风电场项目及风力发电机组的研制。

(2) 产业化建立阶段(1994—2003年)

1993年底,原电力部在汕头"全国风电工作会议"上提出风电产业化及风电场建设前期工作规范化的要求,1994年,国家电力部规定:电网管理部门应允许风电场就近上网,并收购全部上

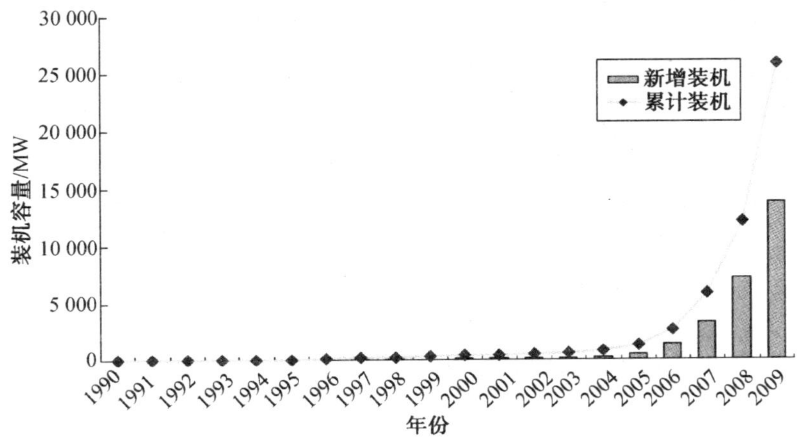

图 4-6 1990—2009 年中国内地风电装机发展情况

数据来源:根据施鹏飞先生 1990—2009 年中国风电统计数据计算。

网电量,上网电价按发电成本加还本付息、合理利润的原则确定,高出电网平均电价部分差价采取均摊方式,由全网共同负担,电力公司统一收购处理。

由于投资者利益得到保障,贷款建设风电场开始发展。后来原国家计委规定发电项目按照经营期核算平均上网电价,银行还款期延长到 15 年,风电项目增值税率减半(为 8.5%)。但是随着电力体制向竞争性市场改革,风电由于成本高,政策不够明确,因此发展比较缓慢。

(3) 规模化及国产化阶段(2003 年以后)

为了大规模商业化开发风电,国家发改委从 2003 年起推行风电特许权项目,每年一期,通过招标选择投资商和开发商,其主要目的是扩大开发规模,提高国产设备制造能力,约束发电成本,降低电价。

《可再生能源法》自 2006 年开始正式生效,国家陆续颁布了一系列的法律实施细则,包括要求电网企业全额收购可再生能源电力、发电上网电价优惠以及一系列费用分摊措施等,从而大大促进了可再生能源产业的发展,中国风电也步入了快速增长时期。

截至 2007 年,全国累计安装风电机组 6 469 台,装机容量 5 906 MW,风电场 100 多个,其中兆瓦级以上风电机组 366 台,占总机组数量的 11%,上网电量估计达到 52 亿 kWh,2008 年,装机容量进一步增加至 7 190.2 MW,总装机容量达到 13 242.2 MW。

4.3 世界风电设备制造业发展概况

目前,世界风电设备市场基本上还是被欧美大型风电公司所垄断(见图 4-7)。这些风电设备生产厂商基本上都出自风电装机大国,如 Vestas,Siemens 出自丹麦;Gamesa,Ecotecnia 出自西班牙;Enercon,Repower,Nordex 出自德国;GE Wind 出自美国;Suzlon 出自印度。

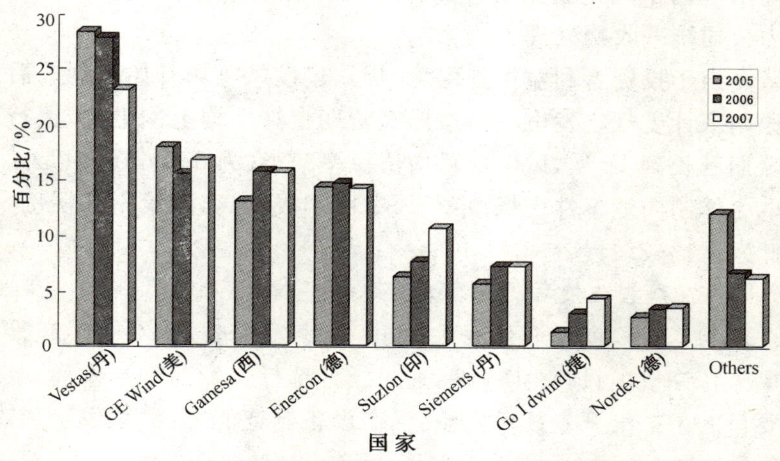

图 4-7 2005—2007 年全球风力发电机市场份额

数据来源:风能@中国网,http://www.windpower－china.cn/node/141。

作为全球最早的风电产业主导者,丹麦的风力机技术领先,拥有强大的风电设备制造业。丹麦风电设备制造业在依靠国内风电市场的开发并形成自主技术之后,目前丹麦国内风电资源开发已经达到一个顶峰,风电发电量已经占到丹麦发电总量的20%,陆上合适的风电场址已所剩无几,所以丹麦的风电设备制造商已加大了海上风电设备的开发力度,并将重点转向开拓全球市场,尤其是新兴的美洲和亚洲市场。

丹麦的维斯塔斯(Vestas)公司是目前世界最大的风电设备制造商。早在2003年底收购丹麦第二大风机制造商NEG Micon之前,Vestas就已经是世界风电设备制造业的龙头,拥有全球21.7%的市场份额,其产品98.6%销售到国外市场。到2007年,Vestas的全球市场占有率进一步提高到22.8%。2008年,Vestas在美洲、亚洲市场业绩进一步扩展,营业额达60亿欧元,其中第4季度营业额为25亿欧元,利润为5.11亿欧元,几乎是2007年的两倍。

创立于1979年的Bonus公司是丹麦又一个资深的风力机制造商,2003年其全球市场占有率为6.6%,在丹麦的市场占有率超过了80%。

德国风电设备制造业的代表有Enercon,Nordex,Repower等大型风力机制造商。Enercon在2007年以38.4%的份额雄居德国风力机市场首位,并在全球风电机组市场中占14.0%,它同时也是全球风电产业最大的零部件制造商。Nordex和Repower分别占全球市场份额的3.4%和3.5%,在国外拥有大量生产设施,并参与了合作投资和技术转让。Repower在希腊、法国、意大利和西班牙设有分部,并且将技术转让到中国、澳大利亚和加拿大。诞生于丹麦却现为德国所有的Nordex在17个国家设有分部,这其中也包括西安维德(Weide)合作投资公司。

西班牙的风力机制造商Gamesa占有西班牙最大的风电机组市场,份额已经过半,尾随其后的是占有11.5%市场份额的

Ecotecnia。此外 NEG Micon，Miconand 和 GE Wind 各占 11%。Gamesa 在全球拥有 15 个风力机（叶片）生产基地，并于 2003 年收购了 MADE，巩固了其在西班牙制造商中的主导地位，并成就了它作为全球市场重要角色的地位。Gamesa 的风力机技术最初是以 Vestas 的技术为基础的，但它于 2003 年脱离了 Vestas 并独立拥有了具有自主知识产权的核心技术。

21 世纪初，在欧洲风电高速增长的时候，美国由于没有支持风电产业发展的稳定政策，本土的风电制造商因没有稳定的国内市场而发展受限。不过近年来这种状况已经开始改变。从 2002 年开始，GE Wind 对美国市场的进入逐渐促成了美国风机市场的形成。GE Wind 在 2007 年拥有 16.6%的全球风力发电机市场份额，其产能的 41%销往海外，生产基地也扩展到德国、西班牙和丹麦。值得注意的是，GE Wind 形成如今的强势地位，得益于其在雄厚资本支持下先后与 Windpower 的合作和对 EnronWind 及 Connor 的收购。近年来，美国风力发电技术已有重大改进，主要表现在改进了风力发电设备的叶片设计，普遍使用风向传感元件，采用自动控制系统，减少了人力和降低了成本。美国政府正在大力推动风力机制造业，有意使其成为 21 世纪重要基础能源装备产业。

Suzlon 是印度风力机市场最大的供货商，在印度国内占有 34.6%的市场份额。Suzlon 是由纺织业转向风电产业的，它在丹麦 Aarhus 建立了国际总部，这一选择极具战略意义，因为丹麦是风能技术和众多零部件供应商网络的基地。虽然 Suzlon 在 2004 年时只占有 3.8%的全球市场份额，但在扩展国际市场的庞大计划的推动下，2007 年的全球市场份额已扩大到 10.5%。目前，Suzlon 已经具备了一定的风力机及其零部件的本地化制造能力，其产品已经出口到美国、欧洲和其他一些发展中国家。除在本国外，Suzlon 也在澳大利亚、中国和美国建立了销售代表处，在德国、荷兰和印度建立了研发中心。

从近年来国外风电设备生产厂商的发展情况来看，面对日益激烈的市场竞争，国外风电设备生产厂商之间正进行着多种形式的兼并与整合，在 2001—2004 年，就有许多通过兼并与整合提升市场竞争力的例子。如丹麦的 Micon 公司先与 Nordtank 公司合并成立 NEG Micon 公司，后来 NEG Micon 公司又收购了荷兰的 Nedwind 公司。到 2003 年底，NEG Micon 公司又被丹麦的 Vestas 并购，从而奠定了 Vestas 作为全球最大的风力机制造公司的地位。此外，这些兼并与整合还包括德国 Siemens 对丹麦 Bonus、西班牙 Gamesa 对 MADE、美国 GE 对 Enron 风电部的并购等。

4.4 我国风电设备制造业发展现状

4.4.1 我国风电整机生产厂商的发展情况

(1) 国产风电设备虽然起步较晚，但市场占有率迅速提升

在 2002 年之前，由于我国风电开发水平较低，大型并网风电设备生产技术也较落后，外国风电厂商在我国风电设备市场上占据着绝对垄断的地位，市场份额几乎占到 90%。

从 2003 年开始，国家发改委实行每年一期的风电特许权项目招标制度，国家承担风电开发的前期工作并建立风电上网保证制度，从而极大地提高了风电投资的热情。《可再生能源法》的正式实施及一系列的激励法律、政策和措施的陆续推行，其中包括要求电网企业全额收购可再生能源电力、发电上网电价优惠、费用分摊措施，以及各地政府积极支持风电设备生产企业的发展等，这些都大大促进了可再生能源产业的发展，我国风电产业的发展进入到规模化及国产化阶段。从 2005 年开始，我国风电市场上国产设备（含合资厂商）累计市场份额开始突破 20%，并以每年 10%以上的速度高速增长。到 2008 年，我国风电市场上国产设备的市场份额已经提高到 61.65%（见图 4-8）。

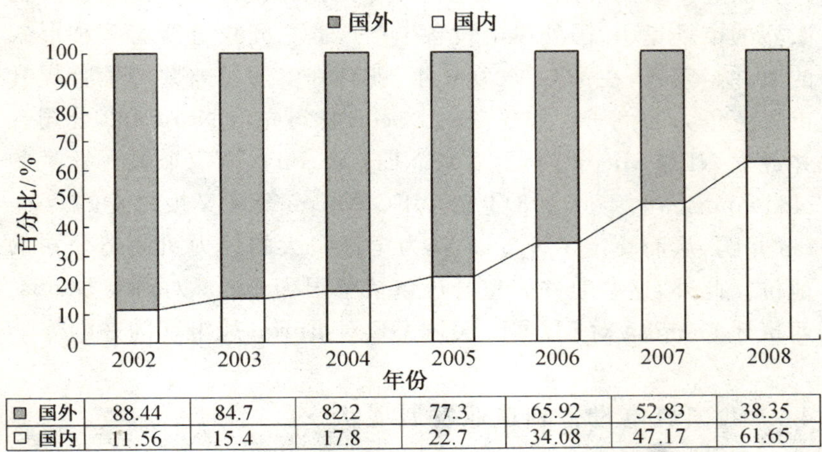

	2002	2003	2004	2005	2006	2007	2008
■ 国外	88.44	84.7	82.2	77.3	65.92	52.83	38.35
□ 国内	11.56	15.4	17.8	22.7	34.08	47.17	61.65

图 4-8　2002—2008 年中外厂商占中国风电市场份额的变化情况

数据来源：根据施鹏飞先生 2002—2008 年中国风电统计数据计算绘制。

2003 年以后，我国风电设备制造业也开始加速发展。2004 年，国外风电设备制造商在我国的累计市场份额为 82.2%，国内厂商累计市场份额为 17.8%，其中新疆金风在所有厂商中排名第 4 位。在新增市场份额中，国外和国内风电设备制造商分别占 75%和 25%。2005 年，国外风电设备制造商在我国的累计市场份额为 77.3%，国内厂商累计市场份额为 22.7%，新疆金风的排名从第 4 位提升到第 2 位。国外和国内风电设备制造商分别占新增市场份额的 70.6%和 29.4%。

2006 年，外资风电设备制造商在我国的累计市场份额为 65.92%，内资厂商累计市场份额为 30.8%，合资厂商累计市场份额为 3.28%。其中，新疆金风在上一年的基础上再进一位，居所有厂商之冠，异军突起的华锐风电抢占了 2.89%的市场份额。外资、内资和合资各占新增市场份额的 55.0%、41.3%和 3.7%。2007 年，虽然外资风电企业产品累计市场份额仍然超过 50%，但当年新增装机容量内资企业首次超过外资企业，达到 55.9%，累计市场份额也进一步提高到 44.8%。新疆金风以连续 8 年超过 100%增长的光辉业绩，在内资企业中继续保持国内市场占有率第一(25.35%)的位置，并在深圳证券交易所成功上市(见图 4-9)。

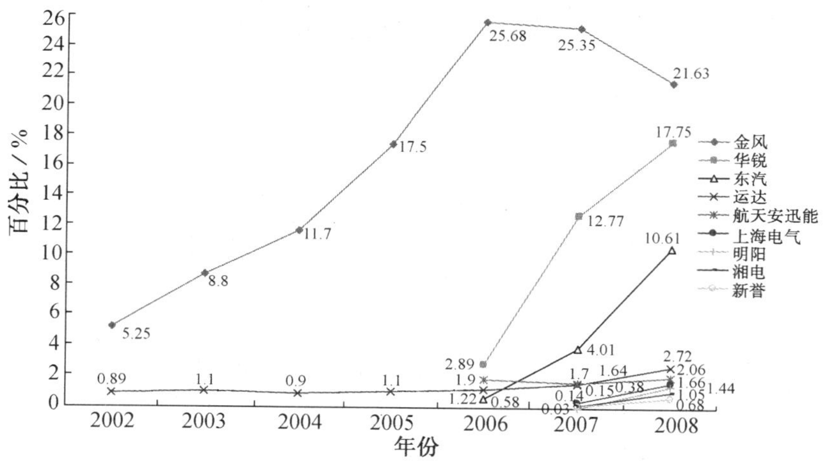

图 4-9 2002—2008 年国内风电设备生产厂商市场份额的变动情况

数据来源：根据施鹏飞先生 2002—2008 年中国风电统计数据计算。

2008 年，内资风电企业继续高速成长，累计市场份额首次超过外资，达到 61.65%(含合资)，金风、华锐、东汽三巨头各占 21.63%、17.75%和 10.61%，合计 49.99%，其他企业仅占 11.65%，形成了以金风、华锐、东汽为龙头的"三足鼎立"的发展格局。在新增市场份额中，内资与合资企业占到 75.4%，与 2004 年相比情形完全颠倒，其中华锐风电所占份额最大，占新增装机的 22.5%(见图 4-10)。

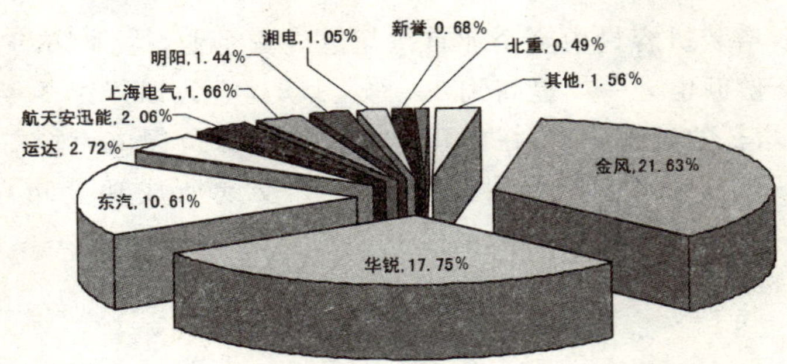

图 4-10　2008 年国内风电设备生产厂商的市场份额

数据来源:根据施鹏飞先生 2008 年中国风电统计数据计算。

在中国风电设备市场上,虽然国外生产厂商所占的市场份额在逐年下降,但无论是在生产能力还是在世界市场开发能力上,国内厂商与世界风电设备巨头之间还存在着很大的差距,特别是在技术力量和产品研发设计能力上,国际著名风电设备生产厂商还占据着极其重要的位置。2008 年的统计资料显示,在我国风电市场上,市场占有率排在前几位的分别是来自世界风电强国的著名的国外风电厂商,前 5 位分别是 Gamesa,Vestas,GE Wind,Suzlon 和 Nordex(见图 4-11)。

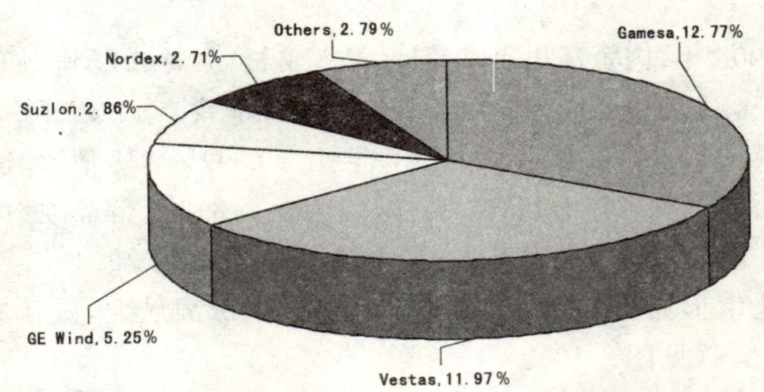

图 4-11　2008 年中国风电市场国外风电设备生产厂商市场份额

数据来源:根据施鹏飞先生 2008 年中国风电统计数据计算。

从2002—2008年中国风电市场份额的变化情况(见图4-12)看,国外厂商之间的发展也不平衡。其中Gamesa公司的成长是最明显的,其在中国风电市场的占有率从2002年的1.54%迅速提高到2005年的21.5%,而2008年又降到12.77%。相对来说,Vestas公司占中国风电市场份额不仅比重大,并且变化较平稳,从2002年的14.71%,到2006年达到最高18.73%,2008年降为11.97%。GE Wind也是中国国内市场上增长较快的国外风电公司,从2002年到2006年,其占中国风电市场份额几乎增长了5倍。

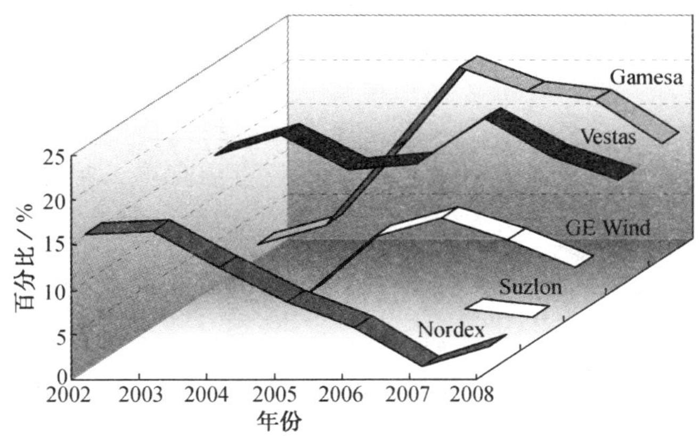

图4-12 2002—2008年外国厂商占中国风电市场的份额变化情况

数据来源:根据施鹏飞先生2002—2008年中国风电统计数据计算。

(2) 初步形成国有、民营与外资并存的多元化投资格局

从产权性质上看,我国风电整机制造业逐步形成了大型国有工业企业、股份制企业和民营企业、外资企业(含中外合资企业)三分天下的风电设备制造业多元化主体。截至2007年7月底,国内风电机组制造商共有40家,其中国有、国有控股公司17家,民营制造企业12家,合资企业7家,外商独资企业4家。

国有或国有控股企业主要包括电力设备、航空航天和重工机械设备制造企业,已逐步成为我国风电设备制造的主力军。例

如，在火电、核电、气电等发电设备生产方面具有雄厚实力的三大电力设备生产企业，即四川东方电气集团、上海电气和哈尔滨电站设备集团，以及大连重工（华锐风电）、中国船舶（重庆海装）、中国航天（南通航天安迅能）、哈尔滨哈飞工业公司等，这些大型企业利用自身工业基础和相关技术经验及人才队伍，通过联合设计或引入战略合作方从事风电机组的整机设计和制造；其他开展风电整机研制的国有企业目前大多从事与风电发展相关的零部件配套（主要是发电机）研发与生产，以自己所从事的核心零部件着手向下游延伸，发展至整机的制造，主要代表企业包括湖南湘电、兰州电机、南车株洲机车等。国有企业引进或开发的风电机组技术和产品具有一定的产业化基础，产业化进程较快，例如华锐和东汽的风电机组产品生产投运规模已达到数百台。鉴于风电设备制造业是技术和资金密集型产业，这批国有重工业企业拥有深厚工业基础和资金实力优势，在生产装备建设、研发资金投入、技术队伍培养、零部件供应链建设、产品售后服务等方面大多表现出长期综合发展战略、较大的投入力度和风险承受力，已经初步显示了显著推进产业化进程的良好前景。

我国民营风电设备制造企业规模和整体实力参差不齐，既有像金风科技这样在风电设备发展较早、市场份额领先的企业，也有一些在设备制造方面并没有很多经验的企业。但我国民营风电设备制造企业体制灵活，适应市场的能力强，吸引风电人才的力度大，许多致力于推进我国风电产业发展的高级技术人已加盟到这个行业，再加上我国市场化改革的逐步完善，特别是民营企业融资渠道的进一步拓宽，其发展潜力十分巨大。

外资企业大多是拥有长期风电机组开发经验和成熟机型产品的、在国际市场上具有强大的竞争能力的著名风电整机制造企业，如丹麦维斯塔斯（Vestas）、西班牙歌美飒（Gamesa）、美国通用公司（GE）等。

(3) 产品产业化程度参差不齐,呈现出明显的成长特征

从2007年国内风电设备制造企业产品的产业化程度上划分,大致有以下4种类型。

第一类:产业化程度比较好,已基本具备大批量生产能力的风电机组制造企业,包括新疆金风科技股份有限公司、华锐风电科技有限公司、东方汽轮机有限公司、浙江运达风力发电工程有限公司、南通航天万源安讯能风电设备制造有限公司等。

第二类:已试制出样机或已具备小批量生产能力的风电机组制造企业,包括保定惠德风电工程有限公司、上海电气风电设备有限公司、沈阳华创风能有限责任公司、江苏新誉风力发电设备有限公司、浙江华仪风电有限公司、湖南湘电风能有限公司、广东明阳风电技术有限公司、北京北重汽轮机有限责任公司、广州英格风电设备制造有限公司等。

第三类:正在开展样机试制或整机设计工作,其产业化工作有待进一步落实的风电机组制造企业,包括重庆海装科技发展有限公司、瑞能北方风电设备有限公司保定天威风电科技有限公司、上海万德风力发电股份有限公司、中国南车集团株洲电力机车研究所、无锡宝南机器制造有限公司、国电联合动力技术有限公司等。

第四类:已有成熟的设计制造技术,正在国内建造总装或部件企业的国外独资企业,包括通用电气能源(沈阳)有限公司、歌美飒风电(天津)有限公司、维斯塔斯风力发电设备(中国)有限公司、苏司兰能源(天津)有限公司等。

(4) 国内风电机组技术来源复杂,产品成熟度差别明显

国内正在制造和生产的风电机组的主要技术来源,大致可分为以下5类。

第一类:引进国外的设计图纸和技术,或者是与国外设计技术公司联合设计,在国内进行制造和生产。像金风科技引进的1 200 kW、1 500 kW风电机组,现已在国内批量生产和供货。浙

江华仪、广东明阳、国电联合动力的1 500 kW机组，重庆海装、上海电气的2 000 kW等机组等都是采取这种方式引进的，公司正在进行样机试制过程中。

第二类：购买国外成熟的风电技术，在国内进行许可生产。像金风科技的600 kW、750 kW，浙江运达的750 kW，华锐风电、东汽的1 500 kW风电机组，都在国内成功生产并实现产业化，这些机组是国内的主力机型。重庆海装的850 kW，保定惠德、武汉国测、昊忠仪表的1 000 kW，上海电气的1 250 kW，北重的2 000 kW等机组都是采取这种方式引进的。

第三类：与国外公司合资，引进国外的成熟技术在国内进行生产。像航天安迅能、恩德风电的1 500 kW，在国内已成功生产并实现产业化。湘电风能、瑞能北方的2 000 kW等机组也都是采取这种方式引进的。

第四类：国外的风电机组制造公司在国内建立独资企业，将其成熟的设计制造技术引进国内进行生产。像歌美飒风电的850 kW、苏司兰的1 250 kW、通用电气的1 500 kW、维斯塔斯的2 000 kW机组都是采取这种方式进行生产的，目前已逐渐开始批量生产。

第五类：利用国内大学和公司自行设计的风电机组进行生产。像沈阳华创、江苏新誉、浙江运达的1 500 kW机组，上海万德的1 000 kW，南通锴炼的2 000 kW等机组都是采取这种方式生产的。

4.4.2　我国风电零部件厂商的发展情况

随着国内风电市场需求的加大，关键部件配套生产企业已有了一定发展，风电产业制造和配套部件专业化产业链正逐步形成。自20世纪90年代我国发展大型风电以来，我国主要依靠原传统工业企业或中外合资企业逐步形成了一批主要零部件制造企业。前一类企业（原传统工业企业）包括齿轮箱（南高齿、重齿）和发电机（北车电机、兰州电机）等制造企业，它们大都是国内从事该类产品研发生产的国有大型重工业企业，凭借其原有的生产和科研基础，逐步探索开发风电零部件产品；后一类企业（中外合资企业）主要是叶片制造企业（如中航惠腾）。近年来，随着风电产业的快速发展，一大批企业开始积极从事风电零部件的开发生产，进一步扩大完善了生产供应体系。目前，国内已形成涵盖叶片、齿轮箱、发电机、变桨偏航系统、轮毂、塔架等主要零部件的生产体系。

在叶片制造方面，风电机组叶片能够满足国内风电产业发展的需要。目前，国内能够进行叶片制造或正在进行研发试制的企业有 30 多家，其中已经批量生产的企业有中航（保定）惠腾风电设备有限公司、上海玻璃钢研究院、连云港中复连众复合材料集团、北京玻璃钢研究院和天津 LM 公司等，其他企业正在建设或试制中。中航（保定）惠腾风电设备有限公司、连云港中复连众复合材料集团有限公司、上海玻璃钢研究院等，都通过技术引进或联合设计来获得大功率风电机组叶片的制造技术。中航（保定）惠腾目前在我国风电叶片领域处于领先水平，已形成年产 2 000 套 600 kW 至 1.5 MW 系列化叶片的能力，为国内多家风电整机厂进行配套，占有国产化风机叶片 80%以上的市场份额，目前已开始积极研制 2～3 MW 叶片。

在齿轮箱制造方面，国产化情况比较好，目前基本能满足国内风电产业发展的需要。我国风电齿轮箱生产企业都是从国家大型齿轮箱企业延伸出来的，如南京高速齿轮制造有限公司、重庆齿轮箱有限责任公司和杭州前进齿轮箱公司，其中前两者占国产化齿轮箱市场份额的 80%～90%。此外，南高齿还与美国通用开展技术合作，联合开发生产齿轮箱，专为通用公司做配套。其他风电齿轮箱生产企业还包括杭前齿、德阳二重等，大连华锐近期也生产齿轮箱，用于整机的配套。齿轮箱外资企业主要是弗兰德机电传动（天津）有限公司，2005 年被西门子公司收购后改名西门子机械传动（天津）有限公司，主要为外资整机厂供货。南高齿和重齿通过扩大产能，目前可年产各种型号的风电齿轮箱2 000台以上。2008 年，全国齿轮箱规划产能总计约 6 500 台(8 400 MW)。目前的主要问题是国内尚不能提供满足齿轮箱巨大承载质量要求的轴承，其产能受国外轴承供应的影响较大。另外，齿轮箱制造工艺、质量和产能的提高需要一些高精设备来保证，这些设备订购周期将对产能有一定影响。

在发电机制造方面，我国发电机的工业基础良好，制造企业较多，基本能够满足国内风电产业发展的需要。国内为大型风力发电机组配套生产发电机的企业主要有永济电机、兰州电机、湘潭电机、株洲时代、上海电机、大连天元、东风电机、南洋电机等。目前，北车集团永济厂、兰州电机、株洲南车电机、湘潭电机等企业已实现1.5 MW及以下发电机的批量生产，包括异步电机、同步双馈电机、永磁电机等。2008 年，全国风力发电机产能总计约5 400台(6 500 MW)。

在偏航系统制造方面，国内厂商主要有徐州罗特爱德回转支撑公司、浙江乐清机械厂、洛阳轴承厂、天马轴承股份有限公司等，机舱底盘制造方面的厂商主要有上海泰胜电力工程机械有限公司、西安振邦机械制造有限公司等。

在塔架的制造方面，国内生产厂商已经有浙江瑞安安泰胜电力工程机械有限公司、上海泰胜电力工程机械有限公司、起到电站辅机厂、沈阳重型机械厂、白城天奇风电设备有限公司等，制动器制造方面的厂商有焦作瑞塞尔盘式制动器有限公司等。

在控制系统制造方面，产品供应主要依赖进口，订购周期较长，对风电机组产能有一定影响。虽然我国叶片、齿轮箱、发电机等零部件国产化情况有了较大的进展，但是我国风电机组控制系统和变流系统等核心部件的国产化程度较低，仍然是瓶颈问题。控制系统作为风电机组中最关键的核心零部件，是国内风电设备制造业中最薄弱的环节，也是目前唯一没有实现批量国产化的部件，基本依赖进口。目前，兆瓦级风机控制系统主要采用丹麦

MITA 和奥地利 Windtec 等国外公司生产的设备。但国内已有北京科诺伟业科技有限公司、北京景新电气公司、株洲时代集团、永济电机厂有限公司等企业在研制生产，可以逐步降低对进口设备的依赖。

总之，近年来虽然我国风力机零部件制造业凭借原有的产业基础和国际技术合作取得了一定程度的发展，但与先进的国际风力机制造业要求相比还存在不少差距，主要表现为面对风电机组技术革新的配套能力较低，这在一定程度上与国家风电产业的战略规划对风力机零部件制造厂商的指导性不够明确、相关产业基础比较薄弱、缺乏进行研究所需要的资金投入和专门人才等因素相关。

4.4.3 目前我国风电设备制造业面临的突出问题

通过引进技术的初步消化吸收，国内风电设备制造企业已初步拥有了较全面的技术理论知识和制造经验，对风电机组的总体需求、技术方案特点、主要部件的参数指标都已经有了较明确的认识。但是，我国风电设备制造业的培育和发展也存在一些不可忽视的问题和障碍。

(1) 核心技术水平和自主创新能力还较低

风力发电机组是一种技术密集型产品，涉及气象学、环境科学、空气动力学、结构动力学、材料科学和计算机与控制技术、机电工程、电力电子等多种学科。目前，我国商业化风电机组机型基本上都是在技术引进和消化吸收的基础上，通过企业外部采购零部件整装所实现的批量化生产，二次创新还局限在材料的选用和局部的工艺改进上。

到目前为止，我国还没有建立国家级的风电技术研发平台，缺乏持续、深入的基础研究，还没有形成有效的产、学、研相结合的技术研发体系。更重要的是，我国还没有形成掌握风电整机总体设计方法的核心技术和人员队伍，更缺乏自主创新的风力发电基础性理论、辅助工具和研究成果，尤其是对兆瓦级以上风电机组的整体设计能力还很薄弱，很大程度上仍依赖于技术跟踪，不能形成具有国际先进水平的自主研发能力和自主知识产权技术，如此发展下去恐怕只能长期扮演国际成熟机型制造商的角色。总体上看，我国风电设备制造业仍处于从“技术引进和消化吸收”转向“自主创新”的初期阶段。

(2) 国产大型风电设备匆忙上马，存在严重技术和经济风险

近年来，我国大批兆瓦级新型风电机组产品投入商业运营，但在没有经过充分的设计论证和可靠性试验的情况下，匆忙投入规模化生产的风电机组的质量和运行可靠性问题将会非常突出。在国家发改委能源研究所与中国可再生能源学会风能专业委员会组织的调研中发现，各整机制造企业的产品在运行和试制过程中均出现过质量问题。而据中国水电顾问公司所做的不完全统计，在 2005 年年底全国已有风电装机容量(126 万 kW)中，至少有 2.5 万 kW 因机组质量问题一度不能发电，甚至有相当数量的机组因质量问题未能达到预期的发电量。

随着我国风电装机容量的继续快速增加，以及已建成风电机组使用时间的增加，这些问题如不尽早解决，将可能在未来数年内集中爆发，必将严重危害我国风电设备制造业的长远发展和大批风电场的稳定运行。

(3) 合格可靠的关键零部件生产供应能力相对低下

目前，我国风电设备制造业投资和产能结构很不平衡，国内众多企业一拥而上进入风电制造业并集中于整机研制，而像齿轮箱等重要零部件的研发投入和产能则明显不足，并且电控系统和轴承等关键零部件目前还主要依赖进口，从而导致风电产业链上下游供应关系出现严重的不协调。随着近两年来全球风电设备零部件供应日益紧张，很多整机制造企业都不同程度地遭遇国际市场供应紧缺、关键零部件采购周期拉长(有的甚至达到 18 个月)、订货合同严重滞后的局面，极大地影响着生产进度，对我国在近期有效形成兆瓦级先进风电机组产能构成明显制约。

(4) 缺乏总体发展战略以及深度协作和资源整合

目前,我国风电技术研究和开发队伍相当薄弱和分散,公共技术产业服务体系尚未建立,缺乏对风电技术和产业的系统性、战略性的发展路径研究和全局性、前瞻性引导,缺乏充分必要的行业协作和资源整合,详细的中长期发展目标、路径、机制、投入资源尚不清晰。由于缺乏纵向深度协作整合,产业效率相对低下。我国风电整机制造企业在零部件供应链上大都采用"专业化协作模式",且受到目前薄弱技术能力和低层次购销合作方式的限制,实质上大部分仍属于"总装模式",致使风电机组整机和零部件制造企业只能在对风电机组系统缺乏全面、深入理解的基础上进行合作,难以形成产业链上下游之间高效的协作关系。同时,由于风电整机产品缺乏型谱化、标准化和清晰的技术路线,从而加大了零部件制造企业的市场风险,也增加了零部件企业的研发成本和整体市场的服务、维修成本。

(5) 缺乏从容应对国际风电技术快速变革的能力

如今,国际风电设备制造领域已经形成日益明显的技术垄断趋势。随着风电技术水平的提升,以及产业和市场规模的持续扩大,国际风电巨头在技术工艺和产业体系等多方面正在酝酿一系列的重大变革,如国际著名风电设备制造厂商的核心技术竞争力加速提升,具有独特核心技术、高效可靠的新一代风电机组产品(如巨型海上专用风机)不断涌现;国际化经营战略进一步加强;产业链纵向一体化继续强化,规模效益和协同效益不断提高。这些变革将进一步加剧行业竞争,提高行业进入门槛,而我国风电设备制造业仍处于初期发展阶段,技术水平、产品竞争力、产业链培育等方面都还很薄弱,明显落后于国际领先水平。此外,国际上领先风电技术和产品进步很快,也缩短了国内开发研制风电技术和机型的市场寿命期。因此,我国风电设备制造业今后在技术竞争、市场开拓、提高经济效益等方面将会面临越来越大的国际竞争压力和挑战。

4.5 本章小结

作为风电产业链的下游，近年来，我国风电装机容量的扩张才刚刚开始，增长余地和潜力都很大，完全可能在今后20～30年中继续以较高的速度增长，并成为世界风电产业的龙头。同样，在国际风电市场，风电装机容量增长的空间还十分广阔，国际风能协会预计，今后20年全球风电产业仍将保持20%左右的复合增长率。因此，在国际风电设备市场上，由于需求不断增长和现有产能不足而形成的整体供不应求的局面仍将长期持续，风电设备制造业必将成为风电产业发展的关键。

从我国风电设备制造业的发展来看，我国目前涉足兆瓦级风力机研发和生产的企业增加很多，除了进入较早并已经批量生产大型并网风电机组的金风科技、华锐风电和东汽风电等龙头企业外，还有保定天威风电设备有限公司、保定惠德风电工程有限公司、南通锴炼风电设备公司、上海电气电站集团股份有限公司、上海万德风力发电股份有限公司、湘电集团有限公司、哈尔滨电站设备集团公司等。其中，哈尔滨电站设备集团公司已经研制成功1.2 MW风力机组产品；2007年，浙江运达风力发电公司推出1.5 MW机组产品；南通航天安讯能风电设备制造有限公司的1.5 MW机组产品也已经投产。截至2008年1月，新疆金风风力发电机组销售订单累积3 693台，总容量345.26万kW。华锐风电也已具备年产800台以上兆瓦级风电设备的生产能力。这些数据的确令人振奋，但掩盖不了我国风电设备制造业关键零部件和核心技术受制于人的事实。

其实，风力机零部件尤其是叶片、齿轮箱、发电机、控制系统、变浆系统和偏航系统，是决定风力机性能和成本的关键，风力机零部件制造厂商在每个单项技术上的突破和领先都意味着十分可观的经济效益和社会效益。因此，在风电设备零部件制造环节，各厂商是能够大有作为的，应当注重发挥自身的优势，专注于零部件制造，避免在技术和资本积累都不足够的情况下过快、过急进入风力机整机组装领域。现实中，国际许多风电设备制造大公司的发展往往都得益于其在某些零部件制造技术上的优势。例如，Enercon 拥有无齿轮箱风力机技术的专利，GE Wind 在叶片制造领域拥有较大规模，Nordex在齿轮和轴承制造方面实力雄厚等。

在风电领域，起步较早的德国和丹麦采用的是自主创新的模式，积累了雄厚的研发实力；起步较晚的西班牙采用的是“引进—吸收—创新”的模式，取得了较快的发展；起步更晚的印度则采用的是以开放市场来学习技术的模式。无论采用哪种模式，关键是要能最终形成具有自主知识产权的核心技术，这样才不会受制于人，才能有利于我国风电产业的长远发展。这是被我国的轨道交通、汽车等产业从反面佐证，又被航空航天、国防工业等领域从正面证明的经验。

此外，与陆上风电场相比，海上风电场由于不占用土地资源、基本不受地形地貌影响、风速更高、年利用小时数更高，已是国际上风电发展的新领域。欧盟提出了到 2020 年达到 18 000 MW 的战略目标，6 MW 单机容量的海上风电场已经研发成功。在我国，首个经国家发改委核准的海上风电场——上海东海大桥 100 MW海上风电场项目也已于 2009 年建成投产。海上风电设备制造技术的突破是下一步风电产业链发展的关键。

5 风力发电的成本与收益

同其他产业的成长发展一样，风电产业的发展首先必须依靠相应市场基础的建立，特别是风力发电的成本、收益要具有一定的市场竞争能力。但由于风力发电不会产生资源短缺、环境破坏等方面的负外部性问题，作为其他常规能源发电的替代，风力发电的市场竞争能力就不完全取决于产业本身，在更大程度上取决于常规能源电力生产经营状况，取决于常规能源电力生产负外部性的内部化程度。本章详细分析我国风力发电投资及运行的技术经济特征，进而揭示风电产业发展中存在的问题，为后续章节的分析奠定基础。

5.1 风电投资成本构成

5.1.1 风电项目投资总成本

从成本构成要素上分析，风电投资成本主要包括两个方面：一是风电项目的建设成本 C_c，二是风电设备管理维护费用 C_s。

风电场建设包括风电机组设备的购置、基础设施建设、风电机组吊装调试、风电入网建设等工作，相应的风电建设成本 C_c 应包括上述各项活动所产生的成本和费用，具体包括风电机组的购置费用（到达安装地点的价格）P_e、风电场基础建设费用 E_i、风电机组吊装调试费用 C_d 和风电入网建设费用 E_n，即

$$C_c = P_e + E_i + C_d + E_n \tag{5-1}$$

5.1.2 风电项目投资单位成本

风机装机容量 P_r 和风轮扫掠面积 A_s 是反映风电机组技术性能的重要指标，以此为基准建立的单位风电成本指标能够较好地反映风力发电机组的经济技术性能。从单位成本的角度来考察，单位装机容量成本 c_p、单位风轮扫掠面积成本 c_a 可表示为

$$c_p = \frac{C_c}{P_r} = \frac{P_e + E_i + C_d + E_n}{P_r} \tag{5-2}$$

$$c_a = \frac{C_c}{A_s} = \frac{P_e + E_i + C_d + E_n}{A_s} \tag{5-3}$$

风电机组的发电量是对风电机组技术性能及风能资源状况的综合反映，它不但与风电机组的装机容量(额定功率)P_r 直接相关，而且更受风力资源状况的影响，也就是说发电量与风电机组实际输出功率 P_a 之间具有更加密切的关系。如果将风电机组实际输出功率与额定功率之比定义为风电场容量系数，即 $U_e = P_a/P_r$(当风电场的风力发电机组选定并建成投产之后，U_e 就是确定值)，则风电机组的年发电量可以用风电场容量系数来评估，其公式为

$$Q_w = 8\ 760 P_a = 8\ 760 U_e P_r \tag{5-4}$$

相应地，单位电量建设成本表示为

$$c_q = \frac{C_c}{nQ_w} = \frac{C_c}{8\ 760 n U_e P_r} \tag{5-5}$$

式中，n 为风电机组使用寿命。

风电机组的运行离不开管理和维修，因而会产生管理维护费(C_s)。管理维护费与风电机组的性能、寿命及零配件的质量有关，通常在风电机组设备选定并建成投产之后，运行维护费基本是稳定的。根据相关研究资料，我国风电场运行维护费用大约为0.05 元/千瓦时。因此，风电项目单位发电量投资成本 c_i 可以简

单表示为

$$c_i = \frac{C_c + C_s}{nQ_w} = \frac{C_c}{nQ_w} + \frac{C_s}{nQ_w} = \frac{C_c}{8\,760nU_eP_r} + 0.05 \tag{5-6}$$

实际上，风力发电项目的投资期限较长（一般为 20～25 年），其折旧费 D_v 的计提不能忽视时间价值，用年金公式计算，即为

$$D_v = \frac{r(1+r)^nC_c}{(1+r)^n - 1} = \frac{rC_c}{1-(1+r)^{-n}} \tag{5-7}$$

设风电机组价格占总投资的比重为 k，即 $k = P_e/C_c$，则 $C_c = P_e/k$。如果不考虑税收因素（通常风电项目的税收是优惠的），则单位发电量的投资成本为

$$\begin{aligned} c_i &= \frac{D_v}{Q_w} + 0.05 \\ &= \frac{\dfrac{rC_c}{1-(1+r)^{-n}}}{8\,760P_rU_e} + 0.05 \\ &= \frac{r}{1-(1+r)^{-n}} \cdot \frac{P_e/P_r}{8\,760kU_e} + 0.05 \end{aligned} \tag{5-8}$$

式中，P_e/P_r 为单位千瓦风机价格，记为 ρ，则有

$$c_i = \frac{r}{1-(1+r)^{-n}} \cdot \frac{\rho}{8\,760kU_e} + 0.05 \tag{5-9}$$

5.2 风电投资的经济性考量

如果仅从投资角度考察，将单位风电成本与风电价格进行对比就可以简单评价风电项目投资的经济效应。

在式(5-9)的风电成本模型中，影响成本的因素有单位千瓦投资价格 ρ、内部报酬率 r、风电场容量系数 U_e、风电机组价格占

总投资的比重 k。显然 r 和 ρ 与成本成正向关系，U_e 和 k 与成本成反向关系，分别记各因素对成本的影响程度（弹性或敏感性程度）为 $e_\rho, e_r, e_{U_e}, e_k$，则必有 $e_\rho>0, e_r>0, e_{U_e}<0, e_k<0$。

风电场容量系数 U_e 一般只与风能资源状况及风电机组性能有关。当风电场选址、风电机组型号确定之后，风电场容量系数也就是确定的。也就是说，容量系数 U_e 只是在选择不同风电项目时对风电成本的变化起作用，而对同一个风电场运营成本的变化是没有影响的。风电机组价格占总投资的比重 k 主要取决于风电设备的价格。与常规能源电力投资相比，风电机组价格占总投资的比重在国外相对较高，有的甚至高于 80%（见表 5-1），我国大概在 60%～70%之间，变化并不大（见表 5-2）。因此，风电项目贷款利率（内部报酬率）r、单位千瓦投资 ρ 是风电投资成本最敏感的影响因素。下面只计算 r 和 ρ 对成本的敏感程度。

表 5-1　欧洲风电和其他典型电力投资成本构成分析

成本要素	风力发电	其他典型电力
机组设备	74%～82%	15%以上
基础建设	1%～6%	20%～25%
电气安装	1%～9%	10%～15%
并　　网	2%～9%	35%～45%
咨　　询	1%～3%	5%～10%
陆　　地	1%～3%	5%～10%
财政投入	1%～3%	5%～10%
道路建设	1%～3%	5%～10%

表 5-2　1996—2000 年我国风电机组价格占投资比重

年　　份	1996	1997	1998	1999	2000
风电机组价格占投资比例/%	70.11	75.80	68.9	63.26	60.27

根据弹性值的计算方法，对式(5-9)求对数后再求偏导可得：

$$e_r = \frac{1}{r} - \frac{n(1+r)^{-1}}{(1+r)^n - 1} \tag{5-10}$$

$$e_\rho = \frac{1}{\rho} \tag{5-11}$$

当贴现率 r 在 3%～10%时，则贴现率 r 的弹性值 e_r = [6.83,9.45]；风电机组价格 ρ 在 0.5 万～0.8 万元/千瓦时，ρ 的弹性值 e_ρ = [1.25,2.0]。显然，贴现率对风电成本的影响利率程度更大。

这里仅以江苏如东第二风电场二期工程为例，其可行性分析报告确定的风电场容量系数 U_e = 0.246，工程设计寿命 n = 20 年，根据表 5-2 暂定风电设备投资占总投资的比重为 k = 0.65。在不考虑税收因素的影响时，风电成本测算结果如表 5-3 所示。

表 5-3　风电投资成本测算表(不含税)

贴现率 r	风电机组价格/(万元·千瓦$^{-1}$)							
	0.80	0.76	0.70	0.68	0.64	0.60	0.56	0.50
10.0	0.721	0.687	0.637	0.620	0.587	0.553	0.520	0.469
9.5	0.698	0.666	0.617	0.601	0.568	0.536	0.504	0.455
9.0	0.676	0.644	0.597	0.582	0.551	0.519	0.488	0.441
8.5	0.654	0.623	0.578	0.563	0.533	0.503	0.472	0.427
8.0	0.632	0.603	0.559	0.544	0.515	0.486	0.457	0.414
7.5	0.610	0.582	0.540	0.526	0.498	0.470	0.442	0.400
7.0	0.589	0.562	0.522	0.508	0.481	0.454	0.427	0.387
6.5	0.568	0.542	0.504	0.491	0.465	0.439	0.413	0.374
6.0	0.548	0.523	0.486	0.473	0.448	0.423	0.399	0.361
5.5	0.528	0.504	0.468	0.456	0.432	0.408	0.385	0.349
5.0	0.508	0.485	0.451	0.440	0.417	0.394	0.371	0.336
4.5	0.489	0.467	0.434	0.423	0.401	0.379	0.357	0.324
4.0	0.470	0.449	0.418	0.407	0.386	0.365	0.344	0.313
3.5	0.452	0.432	0.402	0.392	0.371	0.351	0.331	0.301
3.0	0.434	0.415	0.386	0.376	0.357	0.338	0.319	0.290
2.5	0.416	0.398	0.371	0.361	0.343	0.325	0.306	0.279

从测算数据可知，在风电机组价格为 8 000 元/千瓦，如果贴现率（项目内部收益率）水平为 5%时，风电投资成本为 0.508 元/千瓦时；如果贴现率（内部收益率）达到 8%，则风电投资成本提高到 0.632 元/千瓦时（如图 5-1、5-2 所示）。

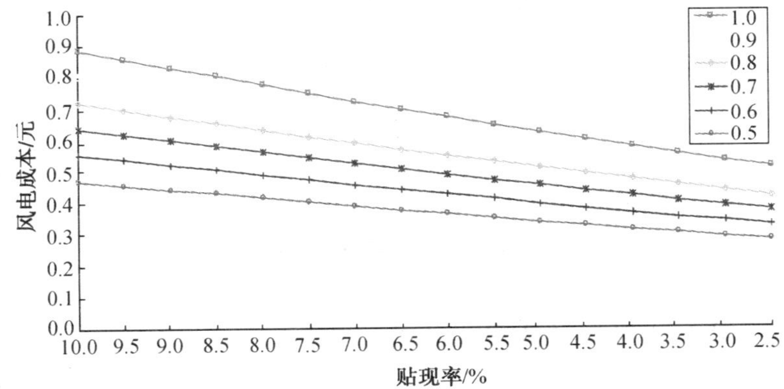

图 5-1　不同风电机组价格水平下贴现率对风电成本的影响

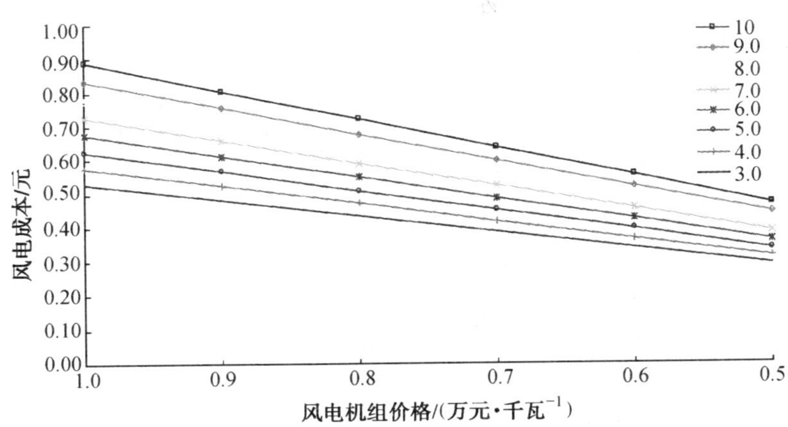

图 5-2　不同贴现率水平下风电机组价格对风电成本的影响

从目前我国风电价格水平来看，已经实施的前 5 期风电特许权招标项目平均上网电价为 0.490 8 元/千瓦时，2007—2008 年国家发改委核准的部分风电项目平均上网电价为 0.560 0 元/千瓦时。显然,在目前风电投资成本和价格水平下,我国风电投资的经济性并不明显,风电项目的盈利能力是非常有限的。

但是,新技术的运用一般都存在扩散效应,通常情况下新技术应用规模每提高一倍,设备的价格将下降 20%。

若以风电机组价格8 000元/千瓦为基准,当风电装机容量提高一倍时,风电机组价格则可降到6 400元/千瓦,在5%和8%的贴现率水平下,风电项目投资成本(不含税)可分别降到 0.417 元/千瓦时和 0.515 元/千瓦时。

因此,随着风电技术扩散效应的发挥,我国风电投资的经济性将不断显现,风电产业的发展潜力还是很大的。

5.3 风电项目运行的成本构成

5.3.1 风电项目运行成本的特点

仅从单个项目投资的角度分析,只需对比投资的显性收益与成本情况就可对风电投资的可行性作出基本判断。但是,如果从投资项目运行后整个社会系统角度来考察,就不能忽视风电投资的外部性问题。与火力发电相比,风力发电的外部性具有两个明显的特征:

一方面,风能是间歇性的,风力发电机组的输出功率具有很强的随机性,在无法预知输出功率随机波动的情况下,风电并网会对电网的调峰、调频、电能质量、电网潮流、暂态稳定等方面产生一系列的不利影响。为保证风电并网以后电力系统的可靠运行,通常需要增加一些发电机组作为旋转备用容量,以响应风电机组发电功率的随机波动,维持电力系统的功率平衡与稳定。这样,风电投资项目的运行就增加了一定的不可靠性成本(或并网附加成本),记为 C_n。

另一方面,风能是一种可再生能源,风力发电没有燃料消耗,不会产生环境污染，因而风力发电不仅能节省不可再生的化石能源的消耗，相应增加化工等其他行业化石能源的可利用量，而且还减少化石能源发电所产生的粉尘、有害气体排放等环境损失。因此，风电项目投入运行之后又给社会带来明显的额外收益（社会贡献）。

因此，风电运行的总效应应为风电节能、减排效应与并网附加成本之和。设风力发电年均节能效应为 V_e，减排效应为 V_p，则风电运行的总效应可表示为

$$(V_e + V_p) - C_n \tag{5-12}$$

其中，并网附加成本 C_n 可以通过比较风电并网前后的成本变动来测算。

5.3.2　风电项目运行成本模型

从整个电力系统的角度看，在没有风电时的电网全部负荷 Q_0 均由火电机组承担，假设此时电力系统处于经济规模之内，边际成本较低，其线性成本函数设为

$$C_0 = \alpha_0 + \beta_0 Q_0 \tag{5-13}$$

在风电并网之后，由于需要增加火电机组作为旋转备用容量以克服风电的不稳定性，使火电机组的运行效率降低，边际成本提高，此时的线性成本函数设为 $C_1 = \alpha_1 + \beta_1(Q_0 - Q_w)(\beta_1 > \beta_0)$。同时，风力发电节能、减排的社会贡献是与风力发电量成正比的，设单位电量生态贡献率为 γ，则 $C_1 = \alpha_1 + \beta_1(Q_0 - Q_w) - \gamma Q_w$。$C_0$ 与 C_1 之差即为风电运行的总社会效应（价值），记为 V_r，即

$$V_r = C_0 - C_1 = (\alpha_0 - \alpha_1) + (\beta_0 - \beta_1)Q_0 + (\beta_1 + \gamma)Q_w \tag{5-14}$$

其中，前一项 $(\alpha_0 - \alpha_1)$ 是风电投资前后原电网固定成本的变化部分，变化不大，可以忽略不计；中间一项 $(\beta_0 - \beta_1)Q_0$ 为负值（因为 $\beta_0 \leqslant \beta_1, Q_0 > 0$），它是风电并网的附加成本；最后一项 $(\beta_1 + \gamma)Q_w$ 则是风力发电的节能、减排贡献，$\beta_1 Q_w$ 为风力发电所节省的燃料支出，γQ_w 为风力发电直接减少的排放与节约化石能源消耗而产生

的综合生态效应。

考虑到火电成本函数的一般性，可将 $f(Q)$ 和 $g(Q)$ 分别定义为风电并网前后火电机组的成本函数，$f(Q)$ 的效率高于 $g(Q)$，即边际成本 $f'(Q) < g'(Q)$。在风电并网之前，电网负荷全部由 $f(Q)$ 承担时，这时电力系统的发电成本可表示为

$$C_0 = f(0) + \int_0^{Q_0} f'(Q)\mathrm{d}Q \tag{5-15}$$

当风电机组并网发电之后，火电系统效率降低，其成本函数为 $g(Q)$，发电成本为

$$C_1 = g(0) + \int_0^{Q_0 - Q_w} g'(Q)\mathrm{d}Q - \gamma Q_w \tag{5-16}$$

风电并网引起的电力成本的变化可表示为

$$\begin{aligned} V_r &= C_0 - C_1 \\ &= f(0) - g(0) + \int_0^{Q_0} f'(Q)\mathrm{d}Q - \int_0^{Q_0 - Q_w} g'(Q)\mathrm{d}Q + \gamma Q_w \\ &= (g(0) - f(0)) + \int_0^{Q_0 - Q_w} [f'(Q) - g'(Q)]\mathrm{d}Q + \\ &\quad \int_{Q_0 - Q_w}^{Q_0} f'(Q)\mathrm{d}Q + \gamma Q_w \\ &= (g(0) - f(0)) + \int_0^{Q_0 - Q_w} [f'(Q) - g'(Q)]\mathrm{d}Q + \\ &\quad \int_0^{Q_w} f'(Q)\mathrm{d}Q + \gamma Q_w \end{aligned} \tag{5-17}$$

由于风电机组并网发电前后，火电系统的固定成本 $f(0)$ 和 $g(0)$ 之间差异较小，故 $(g(0) - f(0))$ 一般可不忽略不计，则

$$V_r = \int_0^{Q_0 - Q_w} [f'(Q) - g'(Q)]\mathrm{d}Q + \int_0^{Q_w} f'(Q)\mathrm{d}Q + \gamma Q_w \tag{5-18}$$

式中，$\int_0^{Q_0-Q_w}[f'(Q)-g'(Q)]\mathrm{d}Q$ 为风电的附加成本；$\int_0^{Q_w}f'(Q)\mathrm{d}Q$ 为风力发电所节省的燃料支出；γQ_w 为风力发电直接减少的排放与节约化石能源消耗而产生的综合生态效应。

5.4 风电节能减排贡献的测算

从上述风电项目运行成本模型的分析中可发现，风力发电的价值不仅体现在风电投资的经济性即风电投资的直接收益(风电价格与风电投资成本之间的差额)上，更重要的是体现在风电项目运行所产生的综合社会效应上，即风电节能、减排效应与并网附加成本之差。

从现有电网的技术特性来看，当并网风电所占比重较低时(一般小于电网负荷的5%)，整个电网并不需要进行较大的改造就能接纳风电，并网附加成本几乎为零。因此，在风电发展初期，风电项目运行的综合社会效应主要体现在节能与减排的社会贡献上。

5.4.1 节能贡献的测算

从煤炭价格上看，近年来受到国际经济周期的影响，煤炭价格波动巨大，但长期走势是上涨的。从图5-3、图5-4中可知，2005年1—9月原中央财政煤炭企业供发电用煤平均售价为207.76元/吨，2006年国家放开煤炭价格以后一路上扬，2008年初国内标准煤价格400多元/吨，最高时达到1 100元/吨，国家发改委2008年6月19日实行临时价格干预，发电用煤出矿价均以2008年6月19日实际结算价格为最高限价。

电煤价格临时干预实施后，煤炭还出现继续上涨。煤炭中转地秦皇岛煤价在2008年6月下旬以后仍然继续大幅上涨，大同优混8月份的平仓价为1 050～1 080元/吨，较电煤价格限价令当日885元/吨的平仓价上涨了22%。虽然我国电煤供应形势在

2008 年第四季度发生了逆转，但目前电煤价格也只是回到 2008 年初的水平，比 2005 年计划电煤价格仍然高出一倍左右。

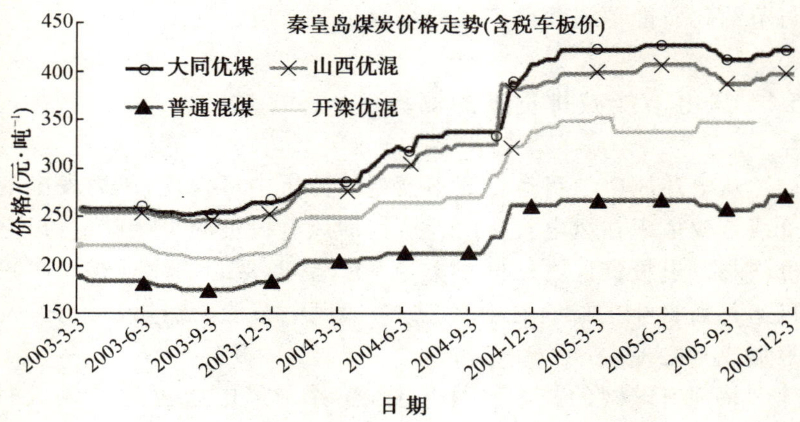

图 5-3　2003—2005 年秦皇岛煤炭价格走势

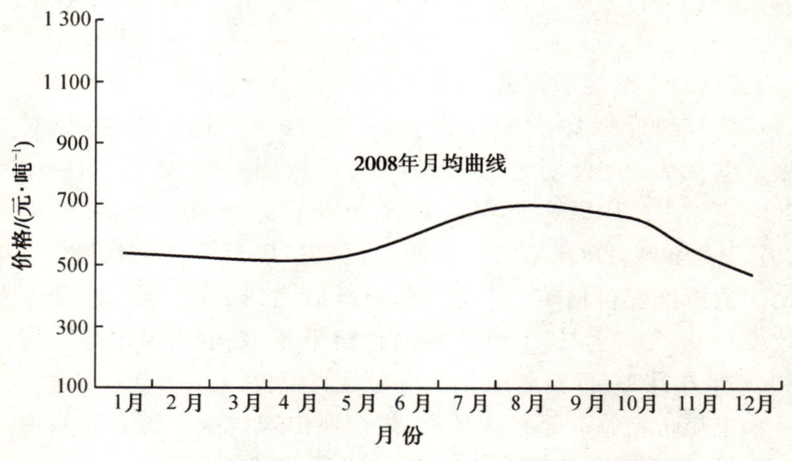

图 5-4　2008 年秦皇岛煤炭月平均价格

这里以 400 元/吨的电煤价格，以及 2006 年江苏省火力发电燃料消耗情况为例进行测算。2006年江苏累计完成发电量2 536.56亿千瓦时，耗用原煤10 795.7万吨，标准煤耗率为331.24克/千瓦时，折合成原煤消耗率为425.6克/千瓦。单位千瓦时风电节约的煤炭费用为$425.6\times400\div10^6=0.17$元。

5.4.2 减排贡献的测算

火力发电排放的污染物主要有烟尘、二氧化硫、废水、灰渣和其他温室气体等。目前我国按照环保法规要求，火电厂应对烟尘和二氧化硫的排放进行控制，灰渣实行再利用，但对CO_2等温室气体的排放尚未控制。这里仅以火电厂脱硫成本来测算风电减排的环保贡献。

根据火电厂烟气脱硫装置成本费用研究，火电厂烟气脱硫的成本主要含电费、脱硫剂费用、水费、蒸汽费、折旧费和维修费等。按照下列平均水平参数计算：脱硫装置的建设周期2年，第1年使用建设资金的70%；脱硫装置年利用小时数为5 500小时；厂用电价格为0.39元/千瓦时（不含税）；石灰石粉250元/吨，石灰石为150元/吨，消石灰为350元/吨；水价为3元/吨；蒸汽价格35元/吨；1套脱硫装置定员25人，每增加1套装置增加5人，年人均工资6.5万元/（人·年），福利系数取60%；预提修理费率为3.0%；运营管理费用为0.6元/千瓦时；保险费率为0.25%；脱硫装置生产运营期为20年；脱硫装置折旧年限为12年；固定资产形成率为95%；脱硫工程投资自有资金比例为25%；建设期贷款年利率为6.12%，贷款偿还年限为12年，流动资金贷款年利率为5.58%，平均脱硫成本为0.012 7元/千瓦时。

如果再考虑火电生产的烟尘、废水和灰渣治理费用，以及温室气体排放权费用、化石燃料节约的外部效应等，风电的生态价值还将大大超出上述测算范围。

5.5 本章小结

就目前我国风电价格水平和风电投资成本的对比情况来看，风电投资的经济性并不明显。主要原因可总结为以下两方面：一方面在于风电价格形成过程中的行为扭曲导致风电价格相对较低，对风电产业的发展起到了一定的制约作用；另一方面在于风电成本相对较高，使风电投资对社会资本的吸引能力下降。而在影响风电成本的众多因素中，内部收益率（平均贷款利率、贴现率）和风电设备价格是最为敏感的。

但从长期的角度来看，风电投资的经济性得以改善的空间或余地还是很大的。按照新技术扩散的一般规律，随着风电规模扩张带来的规模经济性和技术扩散效应的综合作用，风电设备价格将持续下降，因此，风电投资的经济性得以改善的空间还很大，风电产业具有很好的发展潜力。

风电投资成本较高的另一个重要原因在于：现实中被风电所取代的传统能源电力成本都没有将环境破坏、资源枯竭的外部成本（负外部性）内化进来，从而使风力发电的市场竞争能力下降。实际上，如果从风电项目运行的社会效应来看，在风电规模小于电网负荷5％的情况下，风电并网的附加成本几乎为零，风电节能、减排的直接社会贡献会非常明显。即使在上网风电规模超过5％而产生一定的风电并网附加成本时，由于节约燃料的成本与减排的环境贡献都是随着发电量递增的，只要风电并网附加成本的增长速度不超过节约燃料成本与减排的环境贡献的增长速度，风电项目运行的社会效应都是十分突出的。

因此，在风电发展初期国家更应该研究制定积极有效的激励性规制政策，将风电项目运行的社会效应转变成风电投资的收益，以促进风电产业的健康成长。在具体实施措施的选择上，可以优先选择通过发展银行或其他途径提供长期低利率贷款，以减低风电投资项目的融资成本，或者适当提高风电价格水平、降低风电实际税负，以克服在近期由于风电设备价格较高影响风电投资收益的问题。

6 中国风电产业链的演化

对风力发电的成本收益分析，表明目前我国风电产业的发展还处在高成本、低价格的相对弱势阶段，但目前的竞争劣势并不代表风电产业缺乏发展潜力和广阔前景。任何一个新技术的推广或者一个新产业的兴盛，都会经历这样一个成本相对较高、竞争能力相对较弱的阶段，是否具有发展前景关键要看这项新技术有没有旺盛的生命力和市场发展空间。从长远来看，无论是风电替代传统电力的技术可行性，还是风电的环境社会价值，都能反映风电产业发展的巨大成长潜力。本章综合运用产业演化理论和 Logistic 模型、学习曲线等工具，通过构建风电产业演化发展的数量模型，仿真分析风电产业链中涉及风电场建设、风力发电设备制造等行业的主要指标，如风电装机容量、风电成本、本土风电设备装机容量、市场份额等指标的中长期演化过程。

6.1 风电产业链演化模型的构建

技术推广普及的经验表明，一项新技术的发展和商业化过程一般会经历以下几个阶段：研究与发展阶段、技术示范和商业化示范阶段、规模化降低成本阶段、大面积推广阶段。在这一过程中，新技术的推广和普及具有明显的“学习”效应特征：在新技术的开发初期，由于成本较高，新技术产品的价格通常会超过其竞争产品价格几倍甚至更高，产品没有市场竞争力，普及量增长非常缓慢；随着时间的推移和新技术产品产量的不断积累，新技术的应用成本逐渐下降，产品价格的竞争能力不断提高；一般当新技术产品价格小于或等于竞争产品价格的1.2倍时，新技术产品在市场上开始具有竞争力，其产量增长的速度开始加快，直至增长速度的峰值；随后增长速度开始缓慢下降，一直到新技术普及量趋于饱和。

我国风电产业的发展过程，就可以看做典型的新技术进入市场进行商业化运作的过程。

按照新技术产业的成长发展规律，这一进程必然要经历大规模普及和成本、价格下降的阶段，这些都非常符合 Logistic 生长曲线的发展规律和学习曲线规律。因此，以 Logistic 模型和学习曲线为基础构建风电产业演化分析模型，非常符合风电产业的发展特性，具有较强的分析研究和实际应用价值。

6.1.1 将 Logistic 模型应用于风电产业链演化分析

1. 风电产业链 Logistic 演化模型的建立

产业链的演化过程主要是一个知识创新、知识扩散、分工深化与整合的过程。Logistic 增长曲线作为一个典型的刻画技术创新的模型，揭示了在较长时间的技术创新过程中，以同一类技术为基础的产品性能将沿着 S 形曲线趋近于该类技术的性能极限 N，在这过程中的拐点 $\left(\frac{\mathrm{d}^2 X_t}{\mathrm{d}t^2}=0\right)$ 一般位于相应技术性能极限的一半之处，如图 6-1 所示。

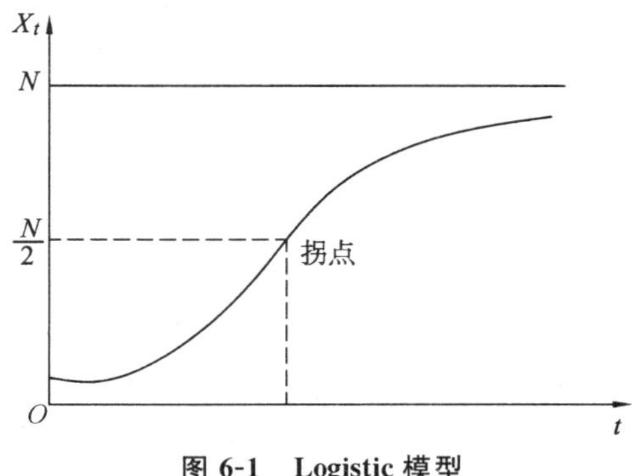

图 6-1 Logistic 模型

记 t 时刻生产规模（累积产量）为 X_t，则 X_t 随时间变化的规律可通过以下的微分方程来描述：

$$\frac{\mathrm{d}X_t}{\mathrm{d}t}=\alpha X_t\left(1-\frac{X_t}{N}\right) \tag{6-1}$$

式(6-1)中，$X_t(t=0,1,\cdots,n)$是描述系统演化过程的状态变量；α 是系统演化的速度系数；N 是系统成长的极限值；$1-\frac{X_t}{N}$表示系统剩余的成长率，其数值随着时间的推移而减少，故称为减速因子。

假定系统演化期初（$t=0$）的状态变量已知，记为 X_0，为求解式(6-1)，可对 Logistic 模型的变换式$\frac{\mathrm{d}X_t}{X_t\left(1-\frac{X_t}{N}\right)}=\alpha\mathrm{d}t$ 进行积分，结果得

$$\int_{X_0}^{X_t}\frac{\mathrm{d}X_t}{X_t\left(1-\frac{X_t}{N}\right)}=\int_0^t\alpha\mathrm{d}t \tag{6-2}$$

容易解得

$$\ln\frac{X_t}{N-X_t}-\ln\frac{X_0}{N-X_0}=\alpha t \tag{6-3}$$

即

$$X_t=\frac{N}{1+\frac{N-X_0}{X_0}\mathrm{e}^{-\alpha t}} \tag{6-4}$$

在式(6-4)中，令 $A=\frac{N-X_0}{X_0}$得

$$X_t=\frac{N}{1+A\mathrm{e}^{-\alpha t}} \tag{6-5}$$

式(6-5)中，α 是系统成长速度系数；A 是由系统的初始条件决定的值；N 是系统成长的极限值。

Logistic 模型是哈伯特(Hubert)于 1962 年首次提出的,因此,该方法有时又被称为“哈伯特模型”。

Logistic 模型作为描述某种系统 S 形生长过程的模型,现已广泛应用于生物学、病理学、资源勘探、人口学、社会学、经济学、管理学等多方面。在产业演化过程分析中,Logistic 模型同样十分有用。

产业系统是由众多具有某种相同特征的企业相互关联而成的,其发展受到自身的生长能力和所处的资源环境等因素的制约。一个产业系统的演化一般都会经历孕育期、成长期、成熟期和衰退期等过程,遵循着这样一个规律:在其发展初期,数量(规模)增长得越来越快,到了一定时候增长速度达到最大,随后便逐步慢下来,直到数量(规模)达到增长极限,总体上呈现出 S 形的演化轨迹。

如果将式(6-5)的 Logistic 模型应用于产业系统演化分析,X_t 就可以表示整个产业在时刻 t 的累积产量;α 表示产业的成长速度;A 是常数,由产业系统的初始条件决定,它与要素投入结构、生产率、投资相对盈利率等因素密切相关;N 表示该产业产量增长的极限值,或者说是该产业市场需求的最大值。在经济实践中,能使研究问题具有实际意义的参数应当满足 $\alpha>0,N\gg 0$。

为在风电产业系统演化中,运用 Logistic 模型对风电产业系统的演化过程进行仿真,需要对模型重新进行定义。

令 X_t 为第 t 期风电开发量(累计装机容量),N_t 为第 t 期风电最大经济可开发量(不同于最大技术可开发量,它不仅是资源储量的函数,也是经济发展水平的函数),A、α 为方程参数,$t(t=0,1,\cdots)$为时间趋势。重新定义后的 Logistic 方程为

$$X_t=\frac{N_t}{1+A\mathrm{e}^{-\alpha t}} \tag{6-6}$$

同样,我国大型风电设备制造业的发展是在引进和吸收国外

技术基础上发展起来的，也可以看做是一项新技术的扩散过程，应该符合 Logistic 增长曲线的发展规律，故可以运用 Logistic 模型对国产风电设备产出水平的发展情况进行仿真分析。假设国产风电设备只供给国内市场(在国际市场上没有竞争力)，则国产风电设备装机容量发展模型可表示为

$$G_t=\frac{X_t}{1+Be^{-\beta t}} \tag{6-7}$$

式(6-7)中，G_t 为第 t 期国产风电设备产量(额定功率)；X_t 为第 t 期风电开发量(装机容量)，在这里表示国产风电设备的最大生产水平；B 为由初始条件决定的参数；β 为国产风电设备成长参数。

Logistic 模型具有十分优秀的定量分析功能。

首先，它可以很好地描述期初的发展水平。以式(6-5)为例，令 $t=0$，则 Logistic 模型为 $X_0=\frac{N_0}{1+A}$。

设$\frac{X_0}{N_0}$为期初开发率，记为 R_0，则风电期初开发率可表示为

$$R_0=\frac{X_0}{K_0}=\frac{1}{1+A} \tag{6-8}$$

其次，Logistic 模型还可以较好地定量描述开发量达到最大经济可开发量一半(即 $X_t=\frac{1}{2}N_t$)时所需要的时间 T。通常称 T 为Logistic生长曲线特征参数。

我们将 $X_t=\frac{1}{2}N_t$ 代入式(6-4)，则有$\frac{1}{2}N_t=\frac{N_t}{1+Ae^{-\alpha t}}$，即 $Ae^{-\alpha t}=1$，容易解得

$$T=\frac{\ln A}{\beta} \tag{6-9}$$

利用 Logistic 生长曲线特征参数 T(表示开发量达到最大经济可开发量的一半时所需要的时间)和期初风能资源开发率 R_0

两个指标数据，并联立方程(6-8)、(6-9)，可得

$$\begin{cases} T = \dfrac{\ln A}{\beta} \\ R_0 = \dfrac{1}{1+A} \end{cases}$$

可以解得 Logistic 模型参数 A，α：

$$\begin{cases} A = \dfrac{1-R_0}{R_0} \\ \alpha = \dfrac{\ln(1-R_0)-\ln R_0}{T} \end{cases} \tag{6-10}$$

同样，如果给定期初国产风电设备市场占有率 $M_0 = \dfrac{G_0}{X_0}$，已知国产风电设备市场占有率达到一半时所需要的时间为 T'，也可以确定方程参数 B，β：

$$\begin{cases} B = \dfrac{1-M_0}{M_0} \\ \beta = \dfrac{\ln(1-M_0)-\ln M_0}{T'} \end{cases} \tag{6-11}$$

2. 风电最大经济可开发量的经验公式

若将 Logistic 模型应用于风电产业链发展研究，还有一个关键问题就是必须解决模型中风电最大经济可开发量 N_t 的估计。

由于风力发电利用的是自然环境下的风能资源，其开发水平与风能资源状况(总量及其分布状态)密切相关。在自然资源开发利用实践中，资源的开发利用水平受到两个重要指标的约束：

一是资源的技术可开发量。该指标取决于自然条件和技术水平，主要受制于资源储量、资源品质、勘探技术等因素。

二是资源的经济可开发量。该指标取决于社会经济条件，主要受开发利用成本、资源价格和经济发展水平等因素的影响。

一般而言，在资源开发初期，技术可开发量通常大于经济可开发量；但随着资源开发利用技术水平的提高和开发成本的降

低，资源勘探能力和可利用能力逐步提高，经济可开发量也可能会大于原来的技术可开发量。

风电开发技术作为一种新能源技术，其推广应用会受到经济条件、政策变化、制度因素、风电成本（价格）、风电的竞争品（火电）成本（价格）以及最大技术可开发量等诸多因素的影响，因此，不同时期风电最大经济可开发量 N_t 是一个变化的值。为简便起见，假设不存在资金、政策、竞争性产品等因素约束，将 N_t 看成是风电成本与竞争性产品（火电）成本之比 k_t、最大技术可开发量 $N_{\max}$ 的函数。

根据新能源开发的市场经验，当成本是竞争性产品成本的5倍以上时，即 $k_t>5$ 时，新能源产品处于市场劣势，几乎不具备与替代产品相竞争的能力，其发展速度极其缓慢，增长量为零，即

$$N_t = N_{t-1} \tag{6-12}$$

当新能源产品成本与竞争性产品成本之比小于（或等于）5大于120%时，即 $1.2<k_t\leqslant 5$，新能源产品的发展进入商业开发期，这时虽然市场竞争能力还相对不足，但由于新能源产品存在巨大的潜在市场，只要有相应激励政策，而且不存在资金约束问题，新的产业就已经能够吸引战略投资者进入，增长速度开始逐步加快。此时最大经济开发量 N_t 受成本因素的影响还较大，相应的经验公式为

$$N_t = \left(\frac{C_{t-1}}{C_{t-1}^h}\right)^{-\gamma} N_{\max} = (k_t)^{-\gamma} N_{\max} \tag{6-13}$$

式(6-13)中，C_{t-1} 为上一期风电成本（价格）；C_{t-1}^h 为上期火电成本（价格），$k_t=\dfrac{C_{t-1}}{C_{t-1}^h}$；$\gamma$ 为设定参数，反映风电成本与火电成本的差距对风电最大经济可开发量的影响程度。

当新技术产品成本与竞争产品成本之比小于或等于120%时，即 $k_t\leqslant 1.2$ 时，新技术产品的市场竞争力得到充分体现，产业开发度明显增加，此时最大经济开发量 N_t 受价格的影响较小，可

用经验公式(6-14)进行测算：

$$N_t = \left(1.2 - \frac{e^{k_t}}{6}\right) N_{\max} \tag{6-14}$$

解决了风电经济可开发量的测算问题后，我们就可以利用Logistic 模型定量描述不同时期的风电开发量(风电装机容量)X_t 的演化过程，进而分析本土风力发电机组产量(额定功率)G_t 及其市场占有率 M_t 的动态演化过程。

6.1.2 将学习曲线应用于风电产业链演化分析

学习曲线(Learning Curve)是反映单位产品生产时间与产品总量之间存在的对应关系的曲线。学习曲线的概念是 20 世纪 30 年代科蒂斯在飞机的制造过程中首先提出来的。他研究发现，当零件生产总数不断增加的时候，直接劳动时间会以一定的百分比减少。后来人们在许多技术领域和经济领域都观察到了类似的现象。例如在讨论企业长期成本变动的时候，人们经常发现有些企业，特别是技术创新型企业，其长期平均生产成本(LAC)是随着产出量的累积而逐渐下降的，造成这种现象的原因通常被解释为来自于企业内部组织的学习效应，即干中学(Learning By Doing)。

现在已开发出了许多刻画学习曲线的数学方法。例如在讨论长期成本变动的时候，可以仅考虑两个时期($t=1,2$)，将其产量和成本分别记为(q_1，q_2)和[$C_1(q_1)$，$C_2(q_2, q_1)$]，如果有 $\frac{\partial C_2(q_2, q_1)}{\partial q_1} < 0$，就说明长期成本的变化存在学习效应。这一数学刻画的经济含义是：前期累积的产量越多，本期的生产成本就会越低。

当然，学习效应刻画最常用的方法还是建立学习曲线结构模型：

$$L = AN^{-\lambda} \tag{6-15}$$

式(6-15)中，L 表示单位产量的劳动投入量(平均成本)；N 表示累积的产量；$A>0$；λ 表示学习率指数。若 $\lambda=0$，则 $L=A$，N 的增加不会引起平均成本下降，不存在学习效应；若 $\lambda=1$，则 $L=\frac{A}{N}$，学习效应是充分的；一般情况下有 $0<\lambda<1$，λ 越大则学习效应越明显。

学习曲线已被广泛应用于生产制造领域的生产成本、产品设计时间和生产时间估计，公司企业的价格、投资成本和营运成本的战略决策设计，以及个体学习和组织学习能力的评价等方面。

这里在应用 Logistic 模型对风电装机规模进行演化分析的基础上，对学习曲线进行了一些改造，以进一步分析风电成本的演化过程。改造后的学习曲线方程为

$$C_t=C_0\left(\frac{X_t}{X_0}\right)^{-\lambda} \tag{6-16}$$

式(6-16)中，C_t 为风电在第 t 期的成本；C_0 为风电在基期的成本；X_t 为第 t 期风电开发量(装机容量)；X_0 为基期风电开发量(装机容量)；$\lambda(0<\lambda<1)$为学习率指数，反映风电开发量相对发展速度引起成本变化的程度大小，可以通过统计数据进行回归分析来测算。

利用学习曲线，可以进一步分析随着各期累积风电开发量(装机容量)X_t 的变化，从而引起的风电成本 C_t 改变的演化过程。

6.2 模型参数的确定及计算流程

风电产业链 Logistic 演化模型涉及基期的选择、分析期间以及一系列参数和初始值的确定。根据统计资料及我国风电产业发展的实际情况，这里选择 2002 年作为分析基期。

根据国外风电大国发展经验和我国风电产业发展实际，并结合我国风电产业发展规划的要求，将分析期间确定为 2002—2050 年，共 48 年(即 $n=48$)。

同时，为了更好地对我国风电产业演化发展路径进行对比分析，这里应用新能源开发的经验公式和回归分析两种方法确定风

电产业演化 Logistic 模型的参数。

6.2.1 Logistic 模型经验参数的确定

在式(6-6)、(6-7)、(6-10)、(6-11)、(6-13)、(6-14)、(6-16)中,除了一些经验参数外,其他参数可以根据统计数据测算或Logistic模型内部关系推算出来。

1. 经验参数的确定

γ反映风电价格与火电价格之差对风电最大经济可开发量的影响程度。根据日本能源经济研究所(IEEJ)对能源产业成长路径的研究,一般取经验值:$\gamma=2.5$。

N_{max}表示风电最大技术可开发量,它取决于风能资源状况及勘查水平。根据2005年我国第三次风能资源普查的结果,我国风能技术可开发(风能功率密度在150 W/m^2 及其以上)的陆地面积约为20万 km^2。考虑到风电场风电机组的实际布置能力,按照低限3 MW/km^2、高限5 MW/km^2 计算,陆上技术可开发量为6亿~10亿 kW。根据《全国海岸带和海涂资源综合调查报告》,中国内地沿岸浅海0~20 m等深线的海域面积为15.7万 km^2。2002年我国颁布了《全国海洋功能区划》,对港口航运、渔业开发、旅游以及工程用海区等作了详细规划。如果避开上述这些区域,考虑其总量10%~20%的海面可以利用,风电机组的实际布置按照5 MW/km^2 计算,则近海风电装机容量为1亿~2亿 kW。综合来看,我国可开发的风能潜力巨大,陆上加海上的总量在7亿~12亿 kW,风电具有成为未来能源结构中重要组成部分的资源基础。这里取中间值进行测算,即 $N_{max}=80\ 000$ 万 kW。

从理论上分析,在风电产业演化的 Logistic 模型中,风电开发量达到最大经济可开发量 N_t 一半所需要的时间 T,是随着最大经济可开发量 N_t 的变化而变化的,并不是一个固定的常数。但是,在 Logistic 模型的实际应用中,如果将 T 视作一个变量就无法确定方程参数 A 及 β。因此一般为简化起见,通常都将 T 视为固定的参数,并且根据风电开发的特点取经验值。这里根据国外风电发展经验、我国风电资源状况和近年来风电装备产业发展状况，同时参照国家风电产业发展规划，暂取 $T=30$。

2. 其他参数的确定

除了上述经验参数以外，其他一些参数，如风电初始开发量 X_0，期初风电场国产化风电机组额定功率 G_0，基期及前一期风电成本 C_0 和 C_{-1}，基期及前一期火电成本 C_0^h 和 C_{-1}^h，基期国产风电设备累计产量 G_0，基期国产风电设备市场占有率 M_0，都可以根据相关风电统计资料确定。

风电初始开发量 X_0 以 2002 年我国累计风电装机容量确定，即 $X_0=46.842$ 万 kW。

期初风电场国产化风电机组额定功率 G_0 以 2002 年累计国产风电装机容量确定，取 $G_0=5.415$ 万 kW。

由于基期及前一期风电成本 C_0、C_{-1} 变化微小，以第 4 章风电成本测算结果为依据，取 $C_0=C_{-1}=0.65$ 元/千瓦时。

同样，基期及前一期火电成本 C_0^h、C_{-1}^h 变化也很微小，根据历史资料以江苏省火电上网电价为依据，取 $C_0^h=C_{-1}^h=0.36$ 元/千瓦时。

根据前面的分析，方程参数 A，β 可以利用上述参数和初始值计算出来。计算过程如下：

由于目前我国风电开发还处在发展初期，风电成本高于火力成本的幅度大于 20% 小于 5，因此，选用经验公式 $N_0=\left(\frac{C_{-1}}{C_{-1}^h}\right)^{-\gamma}N_{\max}=(k_0)^{-\gamma}N_{\max}$ 计算期初风电最大经济可开发量。

2002 年前后风电成本约为 $C_{-1}=0.65$ 元/千瓦时，当时火电平均上网价格为 $C_{-1}^h=0.36$ 元/千瓦时左右，以此为依据计算得

$$N_0=\left(\frac{C_{-1}}{C_{-1}^h}\right)^{-\gamma}N_{\max}=(k_0)^{-\gamma}N_{\max}=(1.805\,6)^{-2.5}\times 80\,000\approx$$

16 000 万 kW。

2002 年我国风电累计装机容量 $X_0=46.842$ 万 kW，以此为

依据，可以确定我国风电期初(2002 年)开发率为

$$R_0 = X_0 / N_0 = 46.842/16\ 000 = 0.002\ 93。$$

再将 R_0 和 T 代入式(6-10)，解得

$$\begin{cases} A = 340.57 \\ \alpha = 0.194 \end{cases}$$

运用同样的方法可以确定参数 B，β。

根据 2002 年统计数据，累计国产风电设备产量 $G_0 = 5.415$ 万 kW，风电累计装机容量 $X_0 = 46.842$ 万 kW，可以确定国产风电设备市场占有率 M_0，即有 $M_0 = 0.115\ 6$。

近年来，我国风电设备制造业发展很快，截至 2007 年，包含合资厂商在内的国产风电设备市场份额已经接近一半，达到 47.17%。到 2008 年，超过一半达到 61.65%。因此，以 2002 年为基准期，国产风电设备市场份额达到一半所需要的时间为5～6 年，取 $T' = 6$。

然后将 M_0、T' 代入式 6-11 即可解得 B，β 为

$$\begin{cases} B = 7.65 \\ \beta = 0.34 \end{cases}$$

参数 λ 为风电开发学习率指数。根据近年来我国风电成本变动数据，借鉴类似研究回归分析方法得出的结果，可确定风电开发学习率指数为 $\lambda = 0.12$。

将上述参数汇总起来，即得表 6-1。

表 6-1 Logistic 模型参数值汇总表

参数	数值	参数	数值
γ	2.5	R_0	0.002 93
N_{max}	80 000	A	340.57
T	30	α	0.194
G_0	5.415	M_0	0.115 6
C_{-1}，C_0	0.65	T'	6
C_{-1}^h，C_0^h	0.36	B	7.65
N_0	16 000	β	0.34
X_0	46.842	λ	0.12

6.2.2 风电产业演化的 Logistic 模型计算流程

根据综合运用学习曲线和 Logistic 方程的模型设计思路，可将风电产业链演化的计算机仿真分析过程反映在如图 6-2 所示的流程图中。

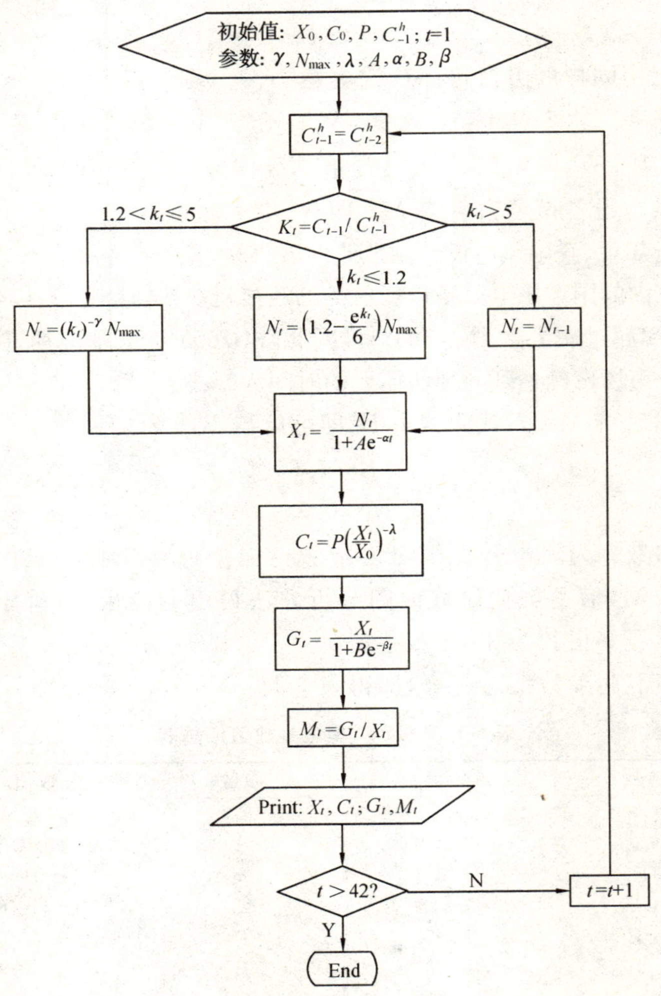

图 6-2　无激励的风电产业链演化仿真计算流程

6.3 Logistic 方程模型仿真结果分析

根据上述基于新能源开发经验公式的 Logistic 演化模型，通过计算机编程可对 2003—2050 年我国风电开发水平、国产风电设备装机容量、国产风电设备市场份额和风电成本的演化进行仿真，结果见表 6-2。

表 6-2 Logistic 模型演化模型仿真结果表

年份	装机容量/万千瓦		风电成本/(元・千瓦时$^{-1}$)		国产风电设备生产/万千瓦		
	累计总量 X	增长率	风电成本 C	增长率	累计产量 G	增长率	市场份额 M
2010	454.87	31.5	0.49	(3.23)	302.45	49.4	0.66
2011	597.81	31.4	0.48	(3.23)	439.99	45.5	0.74
2012	785.02	31.3	0.46	(3.22)	625.36	42.1	0.80
2013	1 029.85	31.2	0.45	(3.20)	871.48	39.4	0.85
2014	1 349.42	31.0	0.43	(3.19)	1 194.88	37.1	0.89
2015	1 765.65	30.8	0.42	(3.17)	1 616.80	35.3	0.92
2016	2 258.21	27.9	0.41	(2.91)	2 119.34	31.1	0.94
2017	2 790.23	23.6	0.40	(2.51)	2 665.89	25.8	0.96
2018	3 422.25	22.7	0.39	(2.42)	3 312.29	24.2	0.97
2019	4 179.30	22.1	0.38	(2.37)	4 082.83	23.3	0.98
2020	5 082.45	21.6	0.37	(2.32)	4 998.38	22.4	0.98
2021	6 153.27	21.1	0.36	(2.27)	6 080.48	21.6	0.99
2022	7 413.78	20.5	0.35	(2.21)	7 351.15	20.9	0.99
2023	8 885.37	19.8	0.35	(2.15)	8 831.81	20.1	0.99
2024	10 587.23	19.2	0.34	(2.08)	10 541.73	19.4	1.00
2025	12 534.46	18.4	0.33	(2.01)	12 496.07	18.5	1.00
2026	14 735.78	17.6	0.33	(1.92)	14 703.62	17.7	1.00

续表

年份	装机容量/万千瓦		风电成本/（元·千瓦时⁻¹）		国产风电设备生产/万千瓦		
	累计总量 X	增长率	风电成本 C	增长率	累计产量 G	增长率	市场份额 M
2027	17 191.20	16.7	0.32	(1.83)	17 164.48	16.7	1.00
2028	19 889.93	15.7	0.31	(1.73)	19 867.91	15.8	1.00
2029	22 808.84	14.7	0.31	(1.63)	22 790.87	14.7	1.00
2030	25 912.09	13.6	0.30	(1.52)	25 897.56	13.6	1.00
2031	29 152.07	12.5	0.30	(1.40)	29 140.43	12.5	1.00
2032	32 471.84	11.4	0.30	(1.29)	32 462.61	11.4	1.00
2033	35 808.88	10.3	0.29	(1.17)	35 801.63	10.3	1.00
2034	39 099.72	9.2	0.29	(1.05)	39 094.09	9.2	1.00
2035	42 284.59	8.1	0.29	(0.94)	42 280.25	8.1	1.00
2036	45 311.54	7.2	0.28	(0.83)	45 308.24	7.2	1.00
2037	48 139.43	6.2	0.28	(0.72)	48 136.93	6.2	1.00
2038	50 739.38	5.4	0.28	(0.63)	50 737.50	5.4	1.00
2039	53 094.90	4.6	0.28	(0.54)	53 093.50	4.6	1.00
2040	55 200.78	4.0	0.28	(0.47)	55 199.75	4.0	1.00
2041	57 061.26	3.4	0.28	(0.40)	57 060.50	3.4	1.00
2042	58 687.80	2.9	0.28	(0.34)	58 687.24	2.9	1.00
2043	60 096.84	2.4	0.28	(0.28)	60 096.44	2.4	1.00
2044	61 307.83	2.0	0.27	(0.24)	61 307.54	2.0	1.00
2045	62 341.54	1.7	0.27	(0.20)	62 341.33	1.7	1.00
2046	63 218.80	1.4	0.27	(0.17)	63 218.64	1.4	1.00
2047	63 959.62	1.2	0.27	(0.14)	63 959.51	1.2	1.00
2048	64 582.62	1.0	0.27	(0.12)	64 582.54	1.0	1.00
2049	65 104.71	0.8	0.27	(0.10)	65 104.66	0.8	1.00
2050	65 540.95	0.7	0.27	(0.08)	65 540.91	0.7	1.00

注：数据由 Logistic 演化模型仿真计算所得；表中带括号的数据是负值。

6.3.1 无激励的风电产业链演化仿真分析

首先假设我国风电产业链的演化发展是在目前的政策环境之下进行的，没有新的激励政策或制约因素出现，即在风电产业演化模型中不存在其他激励和约束条件(不存在竞争激励和资金约束)。

1. 风电装机容量 Logistic 演化模型仿真分析

从仿真结果来看(见图 6-3、图 6-4)，我国累计风电装机容量的演化进程呈现出明显的成长型特征，在 2015 年之前年增长幅度将高于 30%，是我国风电产业高速增长的阶段；此后至 2020 年，我国累计风电装机容量都将保持 20%以上的年增长水平，2020—2030 年保持 10%～20%的增长率，直到 2040 以后的增长速度明显减慢，但总量还在继续增长。

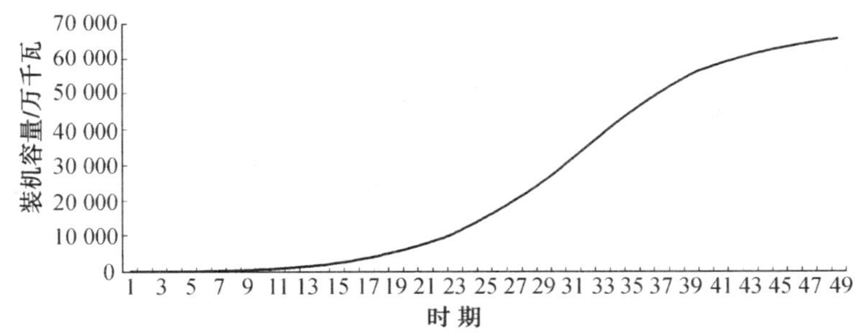

图 6-3 2003—2050 年风电装机容量演化仿真

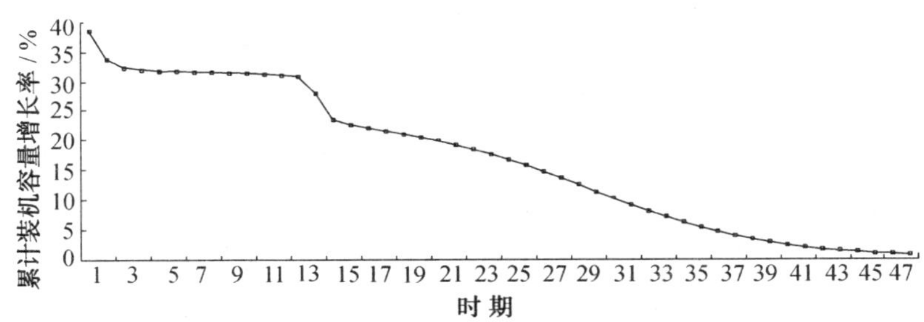

图 6-4 2003—2050 累计风电开发量环比增长率

与近年来我国风电产业实际增长情况相对照，到 2008 年，我国风电新增装机容量和累计装机容量已连续几年实现了翻番的爆炸式增长，这种超高速增长态势除了说明风电产业的发展已经引起投资者的广泛重视之外，也不能排除存在一定的盲目扩张的可能性，这也许是在我国现有电力体制下，与国有电力集团强占风电市场的投资冲动相关。

2. 国产风电设备制造业 Logistic 演化模型仿真分析

从演化仿真结果来看（见图 6-5、图 6-6），我国风电设备制造业在 2016 年之前都将是一个高速增长阶段，年增长率将保持在 30%以上，特别是 2010 年之前每年的增长幅度不会低于 50%。

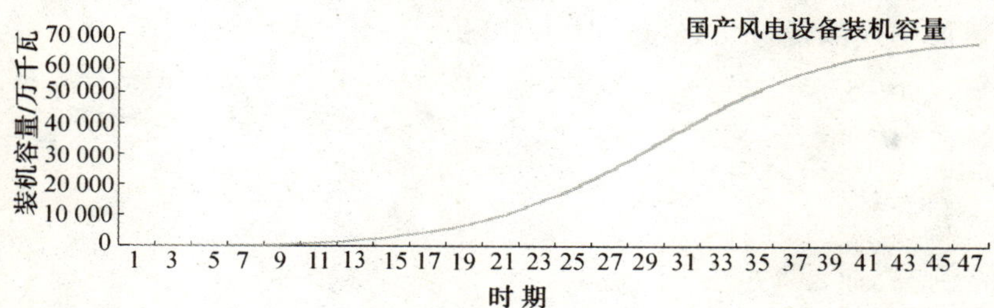

图 6-5　2003—2050 年国产风电设备装机容量演化仿真

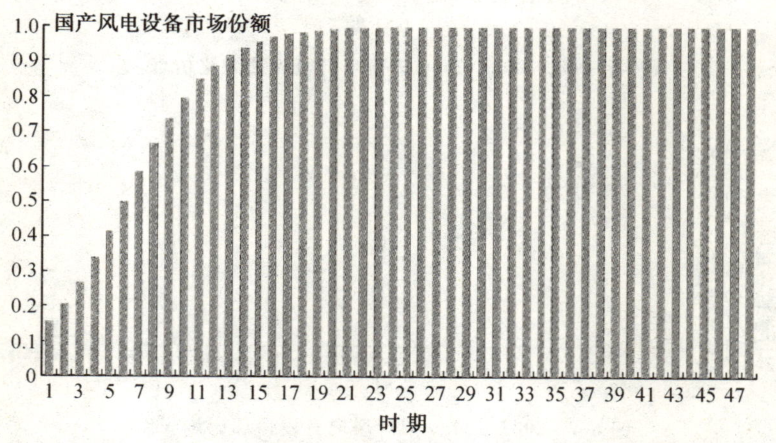

图 6-6　2003—2050 年国产风电设备市场份额演化仿真

按仿真结果分析，到2020年，国产风电设备在国内市场的占有率将可达到98%，这意味着那时国产风电设备必须开拓更广阔的国际市场，与国际著名风电设备厂商展开更加激烈的竞争。

3. 风电成本Logistic演化模型仿真分析

从风电成本的演化仿真结果看(见图6-7)，随着风电装机容量的不断扩大，风电设备生产的学习效应将不断显现，预计到2015年左右，风电成本将可以与常规能源电力成本持平，其投资价值将会得到充分显现。

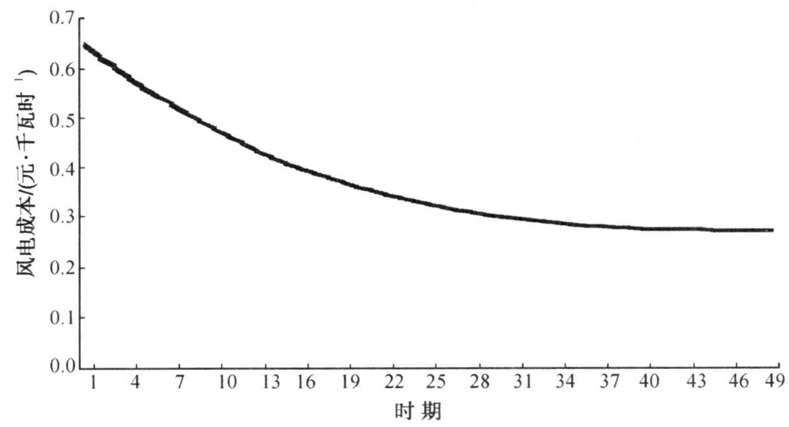

图6-7　2003—2050年风电成本演化仿真

6.3.2　有激励的风电产业链演化仿真分析

如果将上述仿真分析结果与我国风电产业实际发展情况进行比较，就不难发现近年来我国风电产业连续翻番式的增长大大超出了一般的预期。其原因既可能是潜在激励因素的作用，如《可再生能源法》提出今后计划推行可再生能源“配额制”，促使现有电力企业激烈争夺绿色能源市场，也可能是国有电力企业在现有产权结构下强烈扩张意愿而导致的投资冲动的作用。这里首先排除投资因素，仅增加激烈因素进行仿真分析，其流程见图6-8。

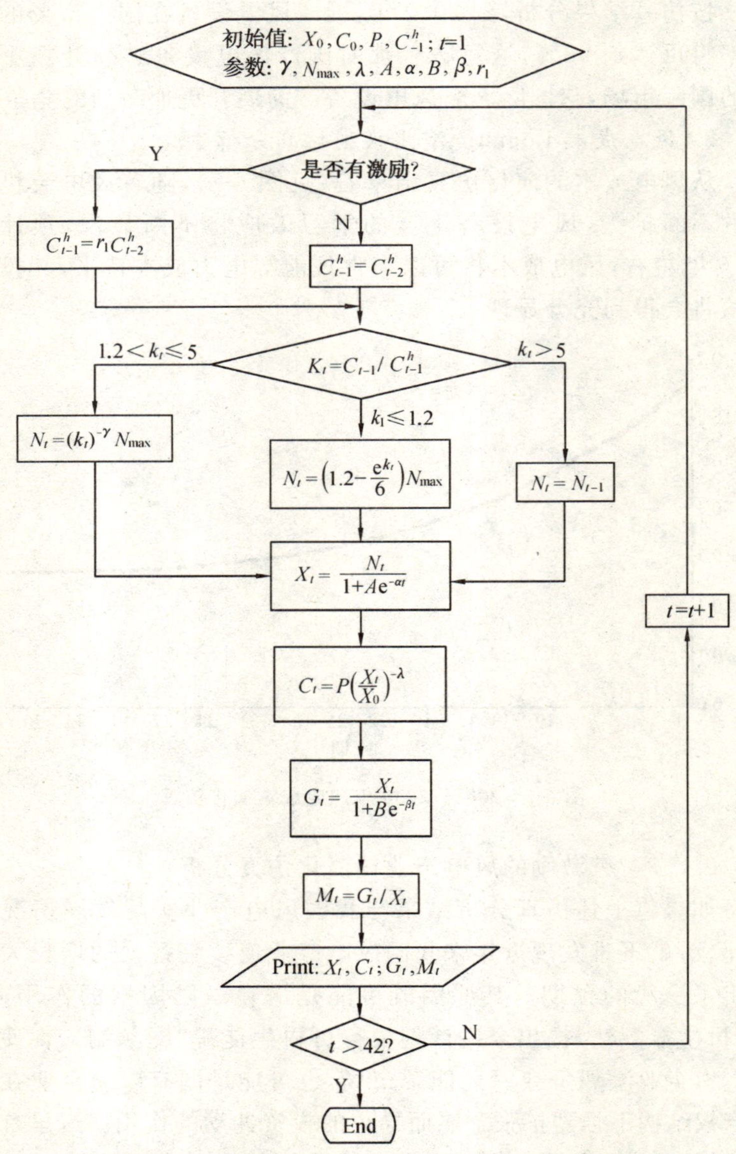

图 6-8　有激励的风电产业链演化仿真计算流程图

对于风电开发的激励，可以看成是将常规能源电力的负外部性反映到电力成本中，从而激发风电的投资热情。设常规能源电力价格因外部性的内部化提高10%，即 $r_1=1.1$，同时将学习率提高至 $\lambda=0.2$，仿真计算结果如图6-9～图6-11及表6-3所示。

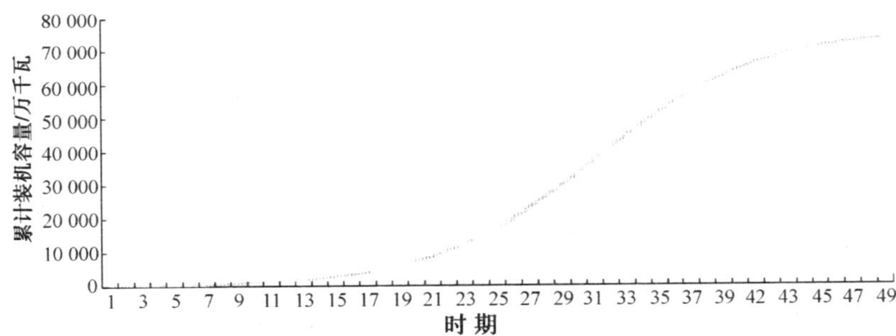

图6-9 有激励的风电装机容量演化仿真

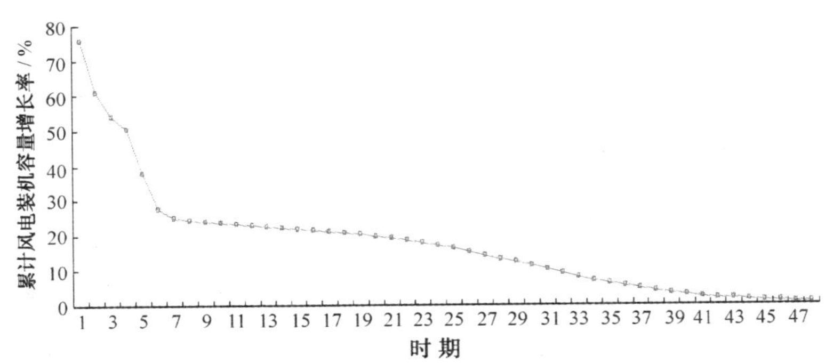

图6-10 有激励的风电装机容量增长率

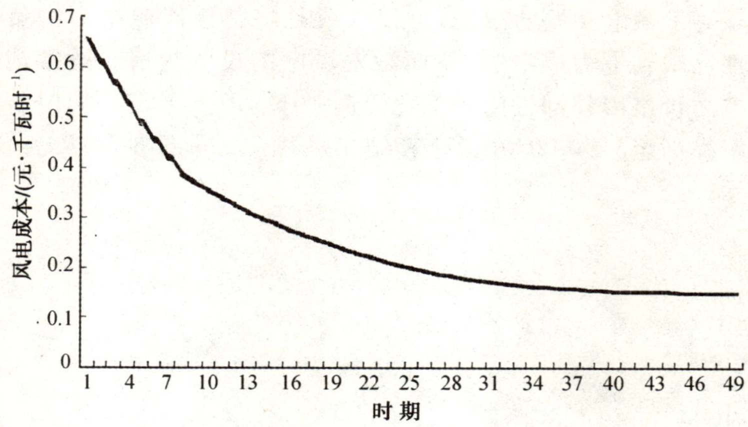

图 6-11　有激励的风电成本演化仿真

表 6-3　有激励的风电产业演化仿真结果表

年份	累计装机容量/万千瓦		风电成本/(元·千瓦时$^{-1}$)		国产风电设备生产/万千瓦		
	总量 X	增长率	风电成本 C	增长率	额定功率	增长率	市场份额 M
2009	671.32	25.1	0.38	(4.38)	393.04	46.1	0.59
2010	834.65	24.3	0.37	(4.26)	554.97	41.2	0.66
2011	1 033.67	23.8	0.35	(4.19)	760.78	37.1	0.74
2012	1 275.99	23.4	0.34	(4.12)	1 016.48	33.6	0.80
2013	1 570.54	23.1	0.32	(4.07)	1 329.03	30.7	0.85
2014	1 927.80	22.7	0.31	(4.02)	1 707.01	28.4	0.89
2015	2 360.05	22.4	0.30	(3.97)	2 161.10	26.6	0.92
2016	2 881.54	22.1	0.29	(3.91)	2 704.34	25.1	0.94
2017	3 508.63	21.8	0.27	(3.86)	3 352.28	24.0	0.96
2018	4 259.83	21.4	0.26	(3.81)	4 122.96	23.0	0.97
2019	5 155.71	21.0	0.25	(3.75)	5 036.70	22.2	0.98
2020	6 218.67	20.6	0.24	(3.68)	6 115.81	21.4	0.98
2021	7 472.35	20.2	0.24	(3.61)	7 383.96	20.7	0.99
2022	8 940.78	19.7	0.23	(3.52)	8 865.24	20.1	0.99

续表

年份	累计装机容量/万千瓦		风电成本/（元·千瓦时$^{-1}$）		国产风电设备生产/万千瓦		
	总量 X	增长率	风电成本 C	增长率	额定功率	增长率	市场份额 M
2023	10 647.06	19.1	0.22	(3.43)	10 582.88	19.4	0.99
2024	12 611.66	18.5	0.21	(3.33)	12 557.46	18.7	1.00
2025	14 850.22	17.7	0.21	(3.22)	14 804.74	17.9	1.00
2026	17 371.11	17.0	0.20	(3.09)	17 333.20	17.1	1.00
2027	20 172.83	16.1	0.19	(2.95)	20 141.47	16.2	1.00
2028	23 241.81	15.2	0.19	(2.79)	23 216.08	15.3	1.00
2029	26 550.83	14.2	0.18	(2.63)	26 529.91	14.3	1.00
2030	30 058.72	13.2	0.18	(2.45)	30 041.86	13.2	1.00
2031	33 711.49	12.2	0.17	(2.27)	33 698.03	12.2	1.00
2032	37 445.18	11.1	0.17	(2.08)	37 434.53	11.1	1.00
2033	41 190.09	10.0	0.17	(1.89)	41 181.76	10.0	1.00
2034	44 875.88	8.9	0.16	(1.70)	44 869.41	9.0	1.00
2035	48 436.68	7.9	0.16	(1.52)	48 431.72	7.9	1.00
2036	51 815.64	7.0	0.16	(1.34)	51 811.86	7.0	1.00
2037	54 968.02	6.1	0.16	(1.17)	54 965.16	6.1	1.00
2038	57 862.80	5.3	0.16	(1.02)	57 860.66	5.3	1.00
2039	60 482.69	4.5	0.16	(0.88)	60 481.10	4.5	1.00
2040	62 822.79	3.9	0.15	(0.76)	62 821.62	3.9	1.00
2041	64 888.60	3.3	0.15	(0.64)	64 887.73	3.3	1.00
2042	66 693.44	2.8	0.15	(0.55)	66 692.81	2.8	1.00
2043	68 256.06	2.3	0.15	(0.46)	68 255.60	2.3	1.00
2044	69 598.40	2.0	0.15	(0.39)	69 598.07	2.0	1.00
2045	70 743.77	1.6	0.15	(0.33)	70 743.53	1.6	1.00
2046	71 715.46	1.4	0.15	(0.27)	71 715.29	1.4	1.00
2047	72 535.80	1.1	0.15	(0.23)	72 535.68	1.1	1.00
2048	73 225.52	1.0	0.15	(0.19)	73 225.42	1.0	1.00
2049	73 803.40	0.8	0.15	(0.16)	73 803.33	0.8	1.00
2050	74 286.17	0.7	0.15	(0.13)	74 286.13	0.7	1.00

注：数据由 Logistic 演化模型仿真计算所得；表中带括号的数据是负值。

分析上述风电产业演化仿真结果可以发现，即使将火电产品成本大幅提高10%，同时将风电成本演化的学习率提高到0.2，风电装机容量的增长速度还是远远赶不上实际发展水平。这不能不令人怀疑我国目前风电产业的高速增长存在着一定的盲目性。

6.4 本章小结

从长远来看，我国风电产业的演化和发展过程应该非常符合新技术的成长与扩散特征，存在着明显的“干中学”的学习效应。因此，我国风电产业链的演化完全可以用Logisitc生长曲线模型和学习曲线进行描述和刻画。

综合运用Logisitc生长曲线方程和学习曲线方程，遵循自然资源开发的特殊规律，借鉴国外资源开发研究的经验公式，构建我国风电产业链演化的Logisitc模型，是本章研究的起点和重点。此外，对上述模型的有关参数进行科学测定也是本章研究的关键内容。

通过上述研究模型的建立，以及运用我国风电统计数据对风电产业链演化的主要指标进行分析，结果发现：

（1）我国风电装机容量的快速发展具有较大的空间和可持续性

在2015年之前，如果维持现有的政策环境不变，那么较保守的估计是我国风电装机容量的年增长速度度将高于30%，从而形成我国风电产业高速增长的阶段。在此后5年（到2020年之前），我国累计风电装机容量都还继续保持20%以上的年增长水平。到2020年之后，这一指标虽有所下降，但也保持着10%～20%的增长率，该情形一直持续到2035年左右。风电增长速度若出现明显下降可能要到2040年以后，也就是说，我国风电产业保持较高速度发展的时间跨度为30年左右。

（2）我国风电设备制造业国产化步伐将不断加快

根据无激励政策的仿真结果分析可知，到2020年，国产风电设备在国内市场的占有率将可能达到98%，意味着国产风电设备的国内市场基本开发完毕，风电设备制造业必须开拓更广阔的国际市场，谋求新的发展空间，同时也意味着国内风电设备制造企业将与国际著名风电设备厂商展开更加激烈的竞争。

（3）我国近年来风电产业的超高速增长带有一定的盲目性

通过增加激励机制的风电产业演化分析发现，即使将与风电竞争的火电成本大幅提高10%，同时将风电产业演化的学习率提高到20%，风电装机容量的增长速度也远远赶不上连续4～5年翻番的实际发展水平。这也许从侧面提示在我国目前风电产业链的高速增长的背后，可能存在着一定程度的盲目和无序的投资冲动。

7 风电产业链的培育与发展模式选择

在风电产业链中,风电设备是风力发电的装备保障。风电设备制造业处在风电产业链的上游,是整个风电产业链的核心。因此,风电产业链的培育关键在于风电设备制造业。

在当今世界经济一体化的发展背景以及 WTO 框架之下,通常被称为“幼稚”产业或“弱势”产业的发展在客观上面临着并不平等的国际竞争格局,实行必要的保护政策是促进产业成长和发展不可缺少的前提和条件。事实上,即使在当今经济全球化、一体化的背景下,经济强国也都在有选择地保护自己的幼稚或弱势产业,例如美国对其弱势的纺织服装产业的保护,日本、韩国等对本国农业产业的保护等。可以说,保护幼稚或弱势产业是绝对的,而不保护则是相对的。这对发达国家是如此,对发展中或不发达国家更是如此。从风电设备制造技术水平上看,虽然我国小型离网式风电设备制造技术已经比较成熟,但大型并网式风电设备制造技术还明显落后于世界先进水平,因此,利用积极有效的贸易保护政策,如关税和非关税保护措施,是培育产业基础、增强产业竞争力,最终促进整个风电产业发展的重要路径。

本章重点将针对我国风电产业这样一个新兴高技术产业的发展阶段特征,运用博弈分析等方法,在充分论证产业链保护的必要性和适宜度的基础上,探讨风电产业链发展模式的优化选择,以推进我国风电产业链实现有效整合,不断增强产业基础,提升产业竞争能力的对策。

7.1 风电产业链保护的博弈分析模型

我国风电产业发展的市场前景十分广阔,风电市场的潜力很大,这对我国发展风力发电是一个巨大的优势。但目前处在我国风电产业链上游的风电设备制造业,由于技术力量相对薄弱,大型风电设备制造技术主要还靠国外引进,产业发展处在幼稚阶段。在此背景下,如何在发展策略上形成一个有利于我国风电产业培育和成长的环境,是非常值得研究的问题。这里以 WTO 框架之下幼稚产业保护最常用的手段——关税措施为例,综合运用博弈和非线性规划等数量研究工具,针对我国风电设备制造业的特点,分析实施幼稚产业保护措施的必要性及其效应。

7.1.1 问题的提出

WTO 的贸易自由化有着自身的特定含义,一般是指各成员方通过多边贸易谈判,降低和约束关税,取消其他贸易壁垒,消除国际贸易中的歧视待遇,扩大市场的准入度。WTO 贸易自由化政策虽然能够促进商品、要素等在国际之间的自由流动,起到扩大市场、刺激竞争、促进国际分工的发展、提高消费者福利水平等作用,但是,这种贸易政策并非等同于自由贸易理论主张的国家不对进出口贸易进行干涉和限制,而是针对各成员方社会经济发展的不平衡性,允许采取诸如关税措施等必要、适度的贸易保护政策。

就大型并网风电技术的发展来看,我国与欧美发达国家还存在着较大的差距,风电产业的成熟度还相对较低。现假设两个国家处于风电设备制造业的不同发展阶段:国家 A 的风电设备制造业已是成熟产业,具有较强的国际竞争能力,产品既内销也出口;国家 B 的风电设备制造业则刚刚起步,处在幼稚阶段,其生产能力有限,产品不具备国际市场竞争能力,只能内销。对于国家 B 的政府来说,面临着是否应该采取必要的措施保护本国风电设备制造业的发展，以及保护程度如何选择的问题。为简明起见，用相关符号进行定义：

G_a、G_b 分别表示 A 国（政府）和 B 国（政府）；I_a、I_b 分别表示这两个国家的风电设备制造业，其中 I_a 是成熟产业，I_b 是幼稚产业；P_a，P_b 分别表示这两国风电机组在国内市场上的价格；C_a，C_b 分别表示两国风电机组的平均单位生产成本；Q_a^d，Q_a^f 分别表示 A 国风电机组的内销数量和外销数量，Q_b^d，Q_b^f 分别表示 B 国风电机组的内销数量和外销数量。根据假设，B 国产品缺乏国际竞争力，显然有 $Q_b^f=0$，即 B 国风电机组产量就等于 Q_b，且只影响本国风电机组的国内市场价格，不会对 A 国风电机组的市场价格产生影响。设 α_a，α_b 为非负常数，则这两个国家风电机组的逆市场需求函数可表示为

$$\begin{cases} P_a=\alpha_a-Q_a^d \\ P_b=\alpha_b-Q_b^d-Q_a^f \end{cases} \tag{7-1}$$

其中，α_a 表示 A 国风电机组产量为零时潜在的市场价格，自然有 $\alpha_a \geqslant C_a$，否则 A 国不会生产；α_b 表示 B 国风电机组产量为零仍没有从 A 国进口产品时潜在的市场价格，自然有 $\alpha_b \geqslant C_b$，否则 B 国也不会生产。

另外，按照 A，B 两国风电产业发展阶段的不同，能够合理推论出 $C_a \leqslant C_b$，即产业相对落后国家的幼稚产业的平均成本应该高于成熟产业。

若从风电技术落后国家产业发展的角度考虑，其决策过程可简单表示为几个层次：第一层次，G_a 具有强大的市场竞争优势，不需要进行保护，G_b 则以福利最大化为目标选择最优关税保护水平 t_b，显然这是一个 G_b 福利最大化决策问题，属于非线性规划问题；第二层次，两国风电产业部门 I_a 和 I_b，在 G_b 征收关税水平为 t_b 的共同信息下同时选择最优策略，以利润最大化为目标决定各自的销售量 Q_a^d，Q_a^f 和 Q_b^d（包括内销和外销），显然这一问题可

以看成 G_a 和 G_b 的产业之间进行的静态博弈问题。因此,发展阶段存在明显差距的国内外风电产业,可以通过综合运用非线性规划模型和完全信息静态博弈模型寻找各自的最优策略。

7.1.2 建立模型

这里先从第二层次——中外风电产业之间的博弈开始建立模型。假设风电设备制造技术相对落后的进口国的关税水平 t_b 已经给定,这样就可以得出 A,B 两国风电产业的利润函数:

$$\begin{cases}\pi_a(Q_a^d,Q_a^f,Q_b^d,t_b)=(P_a-C_a)Q_a^d+(P_b-C_a-t_b)Q_a^f \\ \pi_b(Q_a^d,Q_a^f,Q_b^d,t_b)=(P_b-C_b)Q_b^d\end{cases} \tag{7-2}$$

其中 π_a,π_b 为分别表示 A,B 两国风电产业利润。

将式(7-1)代入,可得

$$\begin{cases}\pi_a(Q_a^d,Q_a^f,Q_b^d,t_b)=-(Q_a^d)^2+(\alpha_a-C_a)Q_a^d-(Q_a^f)^2+ \\ \qquad\qquad(\alpha_b-Q_b^d-C_a-t_b)Q_a^f \\ \pi_b(Q_a^d,Q_a^f,Q_b^d,t_b)=-(Q_b^d)^2+(\alpha_b-Q_a^f-C_b)Q_b^d\end{cases} \tag{7-3}$$

显然,在给定关税水平 t_b 时,若风电设备进出口国同时行动,其策略应从以下博弈模型中解出:

$$\begin{cases}\pi_{a\max}=-(Q_a^d)^2+(\alpha_a-C_a)Q_a^d-(Q_a^f)^2+ \\ \qquad(\alpha_b-Q_b^d-C_a-t_b)Q_a^f \\ \text{s. t. } Q_a^d\geqslant 0;Q_a^f\geqslant 0\end{cases} \tag{7-4}$$

$$\begin{cases}\pi_{b\max}=-(Q_b^d)^2+(\alpha_b-Q_a^f-C_b)Q_b^d \\ \text{s. t. } 0\leqslant Q_b^d\leqslant Q_{b\max}\end{cases}$$

式中,Q_b^d,Q_a^d,Q_a^f 为决策变量,$Q_{b\max}$ 为 I_b 的最大产量(生产能力)。不难证明,式(7-4)显然是一个凸二次规划问题。

第一层次的决策过程是一个非线性规划问题,即在两国关税减让协定范围内,风电设备进口国以社会福利水平 W_b 最大化为目标确定最优关税水平:

$$W_b(Q_a^d,Q_a^f,Q_b^d,t_2)=\pi_b+\frac{1}{2}(Q_b^d+Q_a^f)^2+t_bQ_a^f \tag{7-5}$$

式中，$\frac{1}{2}(Q_b^d+Q_a^f)^2$ 显然为式(7-1)逆市场需求函数下B国的消费者剩余；$t_bQ_a^f$ 为B国关税收入。

将式(7-1)、(7-3)代入即得

$$W_b(Q_a^d,Q_a^f,Q_b^d,t_2)=-(Q_b^d)^2+(\alpha_b-Q_a^f-C_b)Q_b^d+\frac{1}{2}(Q_b^d+Q_a^f)^2+t_bQ_a^f \tag{7-6}$$

因此，B国的最优策略可从以下模型中解得

$$\begin{cases}W_{b\max}=-(Q_b^d)^2+(\alpha_b-Q_a^f-C_b)Q_b^d+\frac{1}{2}(Q_b^d+Q_a^f)^2+t_bQ_a^f\\ \text{s.t.}\quad 0\leqslant t_b\leqslant t\end{cases} \tag{7-7}$$

其中，t_b 为决策变量；t 为两国关税减让协定确定的最高关税水平。

7.1.3　求解模型的均衡解

1. 完全信息静态博弈模型的纳什均衡解

按照从底层倒推的思路，先从第二层次，即A，B两国风电设备制造产业 I_1，I_2 在确定的关税水平下进行的完全信息静态博弈进行分析。

观察式(7-4)所表示的完全信息静态博弈模型，它实际上可以看成是A，B两国风电产业的利润最大化问题，因此可分别求出它们的 K-T 条件：

$$\begin{aligned}&-2Q_a^d+(\alpha_a-C_a)+u_1=0\\&-2Q_a^f+(\alpha_b-Q_b^d-C_a-t_b)+u_2=0\\&u_1\geqslant 0,Q_a^d\geqslant 0,u_1(-Q_a^d)=0\\&u_2\geqslant 0,Q_a^f\geqslant 0,u_2(-Q_a^f)=0\end{aligned} \tag{7-8}$$

和

$$
\begin{aligned}
&-2Q_b^d+(\alpha_b-Q_a^f-C_b)+u_3+u_4=0\\
&u_3\geqslant 0,Q_b^d\geqslant 0,u_4(-Q_b^d)=0\\
&u_4\geqslant 0,Q_b^d\leqslant Q_{b\max},u_4(Q_b^d-Q_{b\max})=0
\end{aligned}
\tag{7-9}
$$

由于,式(7-4)中两个最优化问题都是凸二次规划问题,其 $K\text{-}T$ 点与最优解应该是等价的。因此,只要求出 $K\text{-}T$ 点作为对方决策变量的函数,即求得了博弈问题的反应函数。

I_1 的反应函数为

$$(Q_a^d)^*=\frac{\alpha_a-C_a}{2},\alpha_a-C_a>0 \tag{7-10}$$

$$(Q_a^f)^*=\begin{cases}\dfrac{\alpha_b-C_a-Q_b^d-t_b}{2},\alpha_b-C_a-Q_b^d-t_b\geqslant 0\\ 0,\alpha_b-C_a-Q_b^d-t_b<0\end{cases} \tag{7-11}$$

I_2 的反应函数为

$$(Q_b^f)^*=\begin{cases}\dfrac{\alpha_b-C_b-Q_a^f}{2},0\leqslant\alpha_b-C_b-Q_a^f\leqslant Q_{b\max}\\ 0,\alpha_b-C_b-Q_a^f<0\\ Q_{b\max},\alpha_b-C_b-Q_a^f>Q_{b\max}\end{cases} \tag{7-12}$$

利用式(7-10)~(7-12)的反应函数,可建立纳什均衡[$(Q_a^d)^*$,$(Q_a^f)^*$,$(Q_b^d)^*$]的方程组,即

$$(Q_a^d)^*=\frac{\alpha_a-C_a}{2},\alpha_a-C_a>0 \tag{7-13}$$

$$(Q_a^f)^*=\begin{cases}\dfrac{\alpha_b-C_a-(Q_b^d)^*-t_b}{2},\alpha_b-C_a-(Q_b^d)^*-t_b\geqslant 0\\ 0,\alpha_b-C_a-(Q_b^d)^*-t_b<0\end{cases} \tag{7-14}$$

$$(Q_b^d)^*=\begin{cases}\dfrac{\alpha_b-C_b-(Q_a^f)^*}{2},0\leqslant\alpha_b-C_b-(Q_a^f)^*\leqslant Q_{b\max}\\ 0,\alpha_b-C_b-(Q_a^f)^*<0\\ Q_{b\max},\alpha_b-C_b-(Q_a^f)^*>Q_{b\max}\end{cases} \tag{7-15}$$

在本章前述假设前提下,可以解得

$$[Q_a^d(t_b)]^* = \frac{\alpha_a - C_a}{2} \tag{7-16}$$

$$[Q_a^f(t_b)]^* = \begin{cases} \dfrac{\alpha_b - 2C_a + C_b - 2t_b}{3}, 0 \leqslant t_b \leqslant \dfrac{\alpha_b + C_b}{2} - C_a \\ 0, t_b > \dfrac{(\alpha_b + C_b)}{2} - C_a \end{cases} \tag{7-17}$$

$$[Q_b^d(t_b)]^* = \begin{cases} \dfrac{\alpha_b - 2C_b + C_a + t_b}{3}, 0 \leqslant t_b \leqslant \dfrac{\alpha_b + C_b}{2} - C_a \\ \dfrac{\alpha_b - C_b}{2}, t_b > \dfrac{\alpha_b + C_b}{2} - C_a \end{cases} \tag{7-18}$$

显然，上述第二层次静态博弈问题的纳什均衡解，是B国关税水平 t_b 的函数，也可以称其是两国产业对B国关税水平的反应函数。

2. 非线性规划的最优解

在解出第二层次静态博弈的纳什均衡解之后，再求解第一层次——产业发展水平相对落后的国家选择最优关税问题。如前所述，将第二层次的纳什均衡解代入后，此时的问题就完全是一个非线性规划问题，即在关税水平不高于多边关税减让协议水平 t 的约束下求解下列问题的最优解，即

$$\begin{cases} W_b(t_b)_{\max} = -[Q_b^d(t_b)^*]^2 + [\alpha_b - Q_a^f(t_b)^* - C_b]Q_b^d(t_b)^* \\ \qquad + \dfrac{1}{2}[Q_b^d(t_b)^* + Q_a^f(t_b)^*]^2 + t_b Q_a^f(t_b)^* \\ \text{s. t.} \quad 0 \leqslant t_b \leqslant t \end{cases} \tag{7-19}$$

由于 $(Q_b^d)^*$ 和 $(Q_a^f)^*$ 都是分段函数，代入后得到的函数可记为

$$W_b(t_b) = \begin{cases} W_{b1}(t_b), 0 \leqslant t_b \leqslant \dfrac{\alpha_b + C_b}{2} - C_a \\ W_{b2}(t_b), \dfrac{\alpha_b + C_b}{2} - C_a \leqslant t_b \leqslant t \end{cases} \tag{7-20}$$

将 $(Q_b^d)^*$ 和 $(Q_a^f)^*$ 代入式(7-20),得

① 当 $0 \leqslant t_b \leqslant \frac{\alpha_b + C_b}{2} - C_a$ 时,$W_{b1}(t_b)$ 为 t_b 的函数,即

$$W_{b1}(t_b) = -\frac{1}{2}\left(t_b - \frac{\alpha_b - C_a}{3}\right)^2 + \frac{7}{18}\alpha_b^2 - \frac{1}{9}\alpha_b C_1 + \frac{2}{9}C_a^2 - \frac{2}{3}\alpha_b C_b + \frac{1}{2}C_b^2 - \frac{1}{3}C_b C_a \tag{7-21}$$

② 当 $\frac{\alpha_b + C_b}{2} - C_a < t_b \leqslant +\infty$ 时,$W_{b2}(t_b)$ 为一固定值,即

$$W_{b2}(t_b) = \frac{3(\alpha_b - C_2)^2}{8} \tag{7-22}$$

由于 $Q_b^d(t_b)^*$ 和 $Q_b^f(t_b)^*$ 都是连续的,所以 $W_b(t_b)$ 也必定连续,即将 $W_b(t_b)$ 定义域的分界点 $t_b = \frac{\alpha_b + C_b}{2} - C_a$ 代入式(7-20),一定有

$$W_{b1}\left(\frac{\alpha_b + C_2}{2} - C_a\right) = W_{b2}(t_b) = \frac{3(\alpha_b - C_2)^2}{8} \tag{7-23}$$

由式(7-21)的 K-T 条件

$$t_b^* = \frac{\alpha_b - C_a}{3} \tag{7-24}$$

表明,当 $t_b^* = \frac{\alpha_b - C_a}{3}$ 时,$W_b(t_b)$ 取得极大值。

又由假设,可以判断

$$t_b^* = \frac{\alpha_b - C_a}{3} \leqslant \frac{\alpha_b + C_2}{2} - C_a \tag{7-25}$$

因此,B 国关于关税 t_b 的福利函数 $W_b(t_b)$ 可以用图 7-1 表示。

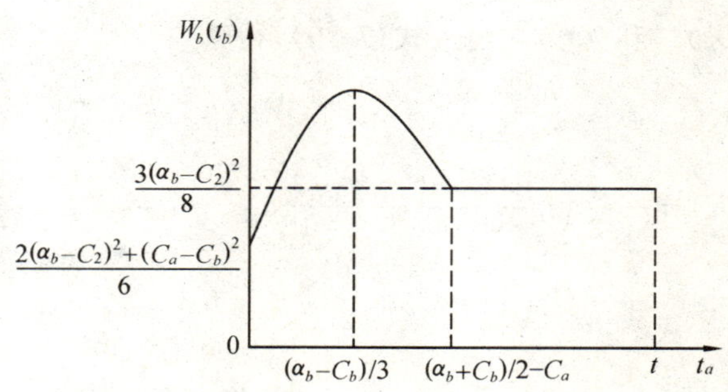

图 7-1　B 国关于关税 t_b 的福利函数

7.1.4　结果分析

通过上述模型最优解的分析，不难得出以下结论。

首先，从 B 国关于关税 t_b 的福利函数 $W_b(t_b)$ 中可以看出，当 $t_b>0$ 时，B 国的福利水平大于当 $t_b=0$ 时 B 国的福利水平。这说明在假设两个国家的风电设备制造业发展阶段不同的情况下（即国家 A 的风电设备制造业作为成熟产业，具有较强的国际竞争能力，产品既内销也出口；国家 B 的风电设备制造业则处于刚刚起步的幼稚阶段，其技术水平较低，生产能力有限，产品不具备国际市场竞争能力，只能内销时）对于国家 B 的政府来说，采取必要的保护措施，如在 WTO 框架下通常采用适度的关税措施，可以有效保护风电设备制造业的发展。

其次，当 A、B 两国协议关税水平 $t\in\left[0,\frac{\alpha_b-C_a}{3}\right]$ 时，B 国最优关税 t_b^* 应该等于 t；当 A、B 两国协议关税水平 $t\in\left(\frac{\alpha_b-C_a}{3},+\infty\right)$ 时，B 国最优关税应该等于 $t_b^*=\frac{\alpha_b-C_a}{3}$。这说明，B 国在 WTO 框架下，基于对类似风电产业这样的幼稚产业进行关税减让谈判时，应努力使关税水平不低于一个合理的界限，即不能低于 $t_b^*=\frac{\alpha_b-C_a}{3}$，只有这样才能最大限度地维护国家利益。

总之，对产业发展水平相对落后的国家来说，争取必要并适度的产业保护措施，如关税保护、财政税收支持、配套服务保证、支持科技开发等是产业健康发展的重要保证。

7.2 我国风电产业链培育模式的选择

从产业培育模式选择的角度看，建立有效的产业培育组织形式，是沟通科技创新与产业发展的枢纽和核心。纵观国内外产业发展的情况，从微观组织结构层面上分析，产业发展模式主要有一体化(集团化)模式和有限联合模式之分；从技术创新的途径上看，产业发展模式又有自主开发、引进改造、二次创新模式等区别。

7.2.1 一体化与有限联合模式

一体化(集团化)模式是国际上发展高新技术、提升产业竞争能力的有效手段。在发达国家，产业的绝大部分资产集中于有限的几个大规模企业集团，20%的企业集中着80%以上资产的情况已经十分普遍。对于高技术产业来说，由于每一项新技术从商品化到产业化，专业化技术性要求都很高，往往要涉及众多类别的技术领域，而且对每一个技术领域所要达到的水平都有严格的要求和规范。一个环节出差错，轻则影响最终技术集成的效率，重则导致整个技术链条的报废。因此，在高新技术不断创新发展的今天，产业内部及产业之间协作的广度和深度都是传统技术无法比拟的。在组织上形成高度发达的树状结构或网状结构关系，就成为高技术产业发展的必然选择。

从长远发展来看，高技术产业一体化(集团化)趋势似乎是不可避免的。因为，高技术产业不仅需要大量的、持续的前期研究和后期开发费用，小规模的投入不能从根本上解决问题。而且，高技术产品的成长和成熟必然依赖长期生产成本的持续降低，这就必须充分发挥产业的规模经济效应，使产业的生产规模处在有效的经济规模之上。当高技术企业发展到一定规模时，集团式的一体化发展便成为强烈的内在需求，政府部门积极推动这一进程自然是顺理成章的。

有限联合模式是一种自由组合模式，它与一体化（集团化）模式最大的不同就在于：这种联合不是通过产权形式实现的，而是建立在相对松散的契约形式之上，联合的紧密程度较低，一般适合于中小企业之间，或者中小企业与科研机构、高等院校之间进行的联合。虽然有限联合模式发展到极端便成为一体化（集团化）模式，但这种模式有着自身的优势：既保证了联合单位的自主性，又保证了联合形式灵活多变，可以避免一体化（集团化）模式控制过严、统得过死的弊端。

7.2.2 自主开发模式与引进改造模式

自主开发模式是与引进吸收模式相对应的一种产业发展模式，其核心是补齐功能、扩充功能，立足于自力更生，开发掌握核心技术。自主开发的周期较长，一般要经历技术成果的可行性研究、技术成果的应用研究、工业生产和市场销售及售后服务等阶段，因此风险大，需要同时具备科研、中试、设计、生产、销售的能力和组织资源，通常只有大型企业和综合性研究机构才具有这种能力。但是，在各种竞争日益激烈的市场经济环境下，要打破原有的技术垄断，抢占技术发展的制高点，自主开发模式始终是一条不能遗忘、不可替代的选择路径。

引进改造模式又被称为技术改造转换的生长模式，是一条在技术创新开发力量相对薄弱，经济、技术差距比较明显的状态下，加快技术学习进程、提升产业技术水平的便捷之路。该模式具有技术起点高、市场前景好、时间短、收效快、成功率高等优点，一般包括以下过程：广泛收集、跟踪和分析高新技术发展状况，并对新技术进行可行性论证；有选择地引进关键技术和设备，并逐步消化相关技术内容；生产国产化，从技术资料的补充开始，由标准件、配套件的选用，到逐步向原材料、零配件、元器件的国产化替代，直至整机生产，摆脱原有技术控制；系列产品开发和技术创新推广。

二次创新模式是建立在技术引进基础上的一种技术创新，可以说是引进改造模式的进一步深化。二次创新通常包括引进、模仿、消化吸收、改进创新4个阶段，其发展的动态规律一般是：在引进技术之后，先从加强引进技术的模仿和转化入手，通过工艺创新制造出相当标准的、无差别的产品，以尽快打入市场；在进入消化吸收阶段，将自身技术与引进技术相互融合，从工艺创新逐步转向产品创新，批量生产标准化、系列化的产品，以迅速降低制造成本，扩大市场占有率；在经过消化吸收阶段，技术能力得到提高之后，二次创新过渡到改进创新阶段，产品创新的能力进一步增强，从而实现产品范围、系列的扩大和产品的多样化。

7.2.3 产业发展模式的比较

高技术产业的培育和发展过程实际上是一个学习过程，非常符合 S 形传播曲线理论。根据对机械、电子产业发展轨迹的分析并借鉴侯云先(2004)的研究成果，这里对不同发展模式下产业技术能力演变进行了对比(见图7-2)。

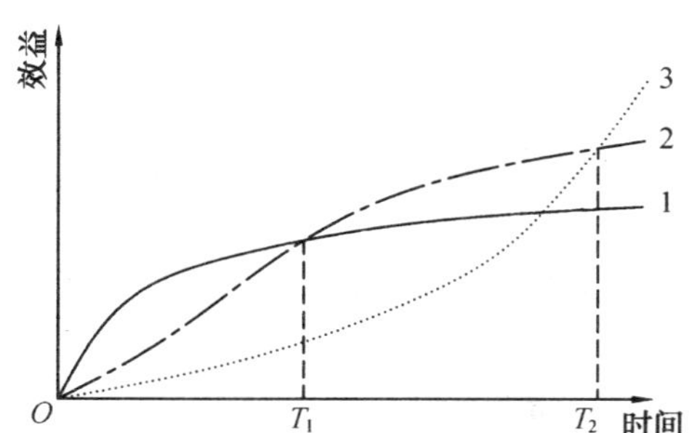

图7-2 高技术产业在不同发展模式下技术能力演变

注：曲线1表示引进改造模式的技术能力演变；曲线2表示二次创新模式的技术能力演变；曲线3表示自主创新模式的技术能力演变。

从图7-2可以看出，不同的产业发展模式各有其优缺点，在不同的时期具有不同的发展特征，因此产业发展模式的选择必须根据产业发展的不同时期进行及时的调整和优化。通常在高技术产业发展初期，技术落后国的产业发展应采用技术引进改造模式；在发展到一定阶段之后，应特别重视二次创新，以增强产业发展的后劲；当然，产业的更高层次发展则应重点进行自主创新，以取得长期的竞争优势。

从我国风电设备制造业的现状来看，虽然小型离网型风力发电机组的商业化生产和推广处在世界领先地位，但由于众多历史原因的影响，我国大型并网风力发电机组（兆瓦级）的制造技术还处在引进吸收阶段，国内目前主要风电机组生产厂商基本上都有外资背景，如金风、华锐、东气等。因此，从总体上看，目前还处在技术引进的消化吸收阶段的我国风电设备制造业，在培育模式的选择上应特别重视对大型并网风电设备制造技术的二次创新。

由于风电设备制造各环节之间的技术关联程度、专业化程度很高，技术的规模效应相对比较显著，因此，风电设备制造业在产业组织形式上更加适合大型、集团化生产组织的发展。但在现实中，我国目前风电设备制造业出现了投资遍地开花、许多中小型企业纷纷涉足的情形，在经过一段时间的发展后将不可避免地出现调整、整合的局面，这在产业发展模式选择的过程中应当引进足够的重视。

7.3 我国风电设备制造业的培育与发展思路

7.3.1 加强对我国风电设备制造业有效保护

在第 2 章的分析得知，从 2003 年实行风电特许权招标制度开始，我国风电装机容量增长迅猛，到 2008 年累计装机容量已经跻身于世界前 4 位，2009 年尽管遭遇金融危机的冲击，我国新增风电装机容量依然占全球的 1/3，达到 13.75 千兆瓦，累计装机容量跃升至全球第 2 位，已成为名副其实的第一大风电装机市场。但是，从风电设备制造业的发展阶段上看，由于我国兆瓦级大型并网风电设备制造技术基本上是从国外引进的，虽然在国内市场上依靠国内风电场建设的一些保护措施和国内生产的低成本优势，国产设备的市场份额正在不断扩大，但在国际市场上国产风电设备的竞争能力还十分微弱，风电机组基本上满足国内市场需求，出口比重还很低，整体上还处在产业发展幼稚阶段的中后期。因此,对风电产业实施适度的政策保护依然是十分必要的。

近年来,我国对风电设备制造业的保护主要体现在风电特许权招标制度上。风电特许权招标制度规定,参与风电特许权项目竞争的竞标者必须保证所使用的风电设备的国产化率达到70%以上;在后两期的招标中,风电特许权项目又将风电设备制造商与投资方进行绑定,使风电机组制造商可以作为供货商参与投标,从而进一步强化了风电设备国产化比率的要求。截至2009年,我国风电特许权项目已顺利进行了6期。从该制度的实施结果来看,除了在招标过程中因盲目竞争导致上网电价偏低而受到众多质疑之外,风电特许权项目招标在提高风电设备国产化比率、保护本国风电设备制造业等其他方面客观上发挥了积极、有效的保证作用。

例如,我国大型并网风电机组整机生产在进入新世纪以来的近10年中,从无到有并不断加速发展,现在已经形成了大型国有工业企业、股份制企业、民营企业和外资企业(含中外合资企业)“三分天下”,金风、华锐和东汽的“三足鼎立”,众多厂商加速进入的风电设备制造格局。据不完全统计,截至2007年底,我国风电机组整机制造企业有40多家,到2009年底,这一数字扩大到70余家。另外,得益于风电机组整机生产的快速发展,以及风电装备国产化率政策的引导,我国风电零部件制造业也在日益壮大,形成了一批依靠传统工业优势和中外合资方式建立起来的零部件制造企业。前一类企业包括齿轮箱(南高齿、重齿)和发电机(北车电机、兰州电机)等制造企业,此类企业主要是专门从事该类产品研发生产的国有大型重工业企业,凭借其原有的同类产品生产和科研基础,通过开发风电零部件产品向风电产业领域延伸而形成的;后一类企业主要是有外资背景的叶片制造企业,如中航惠腾等。目前,国内已形成涵盖叶片、齿轮箱、发电机、变桨偏航系统、轮毂、塔架等主要零部件的生产体系,风电零部件供应体系日益健全。

继续加强对风电产业链的保护,我们除了要进一步明确风电场建设过程中国产化比率要求的实施办法，优化关税措施以提高现有保护措施的实施效果外，还要持续深入研究 WTO 框架下风电设备制造业保护的新途径，特别是将单一的、直接的产品保护转变到技术和产品持续创新的保护上来。目前，风电强国的许多经验都值得我国学习和借鉴。例如丹麦、德国等国际风电领先国家都通过组织和支持基础技术研发、示范项目以及提供优惠财税政策等手段支持本国风电技术的创新。我国应加强对风电设备制造业的保护，特别需要制定并具体实施财税支持政策，可以借鉴德国的经验持续支持具有一定规模的风电示范项目，在要求风电设备制造商和风电场运营商承担或配合开展风电机组测试评估工作的基础上，对这些项目的风电机组提供税收返还；也可以借鉴丹麦的做法，对使用自主风电设备的风电项目提供长期的融资和担保贷款，减少使用国产设备的运营风险。

7.3.2 不断拓宽我国风电设备制造业培育和发展之路

保护虽然是幼稚产业存在和发展的前提和基础，但保护总是有阶段和有限度的。保护的目的不是为了拒绝竞争、强化垄断，而是为了提高产业的国际竞争力。幼稚产业成长和兴盛的关键还取决于产业自身发展能力的提高。因此，从产业发展的规制角度看，选择有效的幼稚产业培育模式，加强和完善幼稚产业的培育机制，才是促进幼稚产业成长和发展的根本。

1. 建立健全风电技术标准和产品检测认证体系

风电机组在非常恶劣的气候条件和交变载荷工况下全天候运行，如果风电机组质量不高、可靠性差，就将导致其实际可利用率低于承诺值，维修维护费用增加，使得风电场无法达到预期上网电量，减少售电收入、增加运营成本，严重损害风力发电经济效益、产业竞争力。

坚持循序渐进的技术产品研发和产业化道路是国际风电设备制造业保障产品质量和可靠性的重要经验。我国风电设备制造业在面临规模迅速扩张，技术实现跨越的时候，必须时刻牢记风电机组的质量和可靠性是产业发展的根本和生命线，应当坚持循序渐进的技术优先的发展理念，不能不顾逐渐暴露的产品质量问题而盲目发展，从而引发整个产业的巨大风险。

建立技术标准和开展产品检测认证是保障风电设备质量的有效手段。目前，以欧洲风电界为代表的国际风电产业已形成了日益清晰完整的风电机组整机和零部件技术标准，以及涵盖设计评估、质量管理体系评估、制造监督和样机试验等环节的风机型式认证体系，这些标准和体系的形成可为风电设备制造和采购时提供更好的技术安全保障。国际领先风电设备生产企业也都在风电机组整机或叶片等关键零部件的新产品正式规模化投产前，委托有关检测认证机构开展全面严格的检测试验，考核其实际运行工况下的性能，开展产品认证。我国的风电设备制造业才刚刚起步，而目前技术标准和认证体系尚未建立健全，但近年来大批机型即将规模化投放市场，部分企业和机型取得认证。因此，一方面，确保风电设备质量和可靠性的当务之急是建立健全我国的风电技术标准和检测认证体系，为风电设备生产企业提供必要的检测标准、手段和平台；另一方面，在我国风电技术标准和检测认证体系尚未建立和完善之际，可以通过进入规制强制要求并辅之以财税补偿使企业在机型产品批量化生产、商业化运行之前，积极主动地用国际先进标准对样机进行严格充分的检测，消除因急于量产而在未来可能造成的巨大的市场风险。

2. 加强风电产业链之间的协调

完善的零部件供应链是保障风电设备制造业稳步发展的前提条件。随着风电技术的日趋成熟复杂和风电整机产业规模的快速扩大，风电整机制造业对零部件的技术要求和市场需求不断提高。近年来，全球风电零部件制造业正在遭遇由于风电技术的快速升级，而导致像齿轮箱等生产线建设周期长、投资规模大的零部件供应链不够健全、不够可靠的风险。

加强风电机组整机和零部件制造企业之间的深度协作有助于快速建立合格零部件供应体系。为了减小合格零部件供应短缺的冲击，国内整机制造企业都开始加强配套零部件供应链的建设与维护：一方面选择具有充足产能或生产潜力的零部件制造企业达成长期合作意向，以保证采购量等条件换取稳定的零部件供应；另一方面，整机企业在开发新机型时，从风电机组设计阶段就提出配套零部件的设计要求，并对零部件制造企业的新产品研发提供支持和帮助，协同攻关，使零部件企业少走弯路，尽快具备合格的配套能力。

从产业链整合的角度看，技术专业性越强的产业链，越是存在垂直一体化的动力和要求，垂直一体化生产是保障整个产业链零部件供应的重要途径。从风电产业零部件供应链的特点看，风电机组整机制造企业通常采用两种一体化模式。一种是垂直一体化模式，即整机制造企业不仅自己开发设计整机，还生产大部分关键部件。外资企业更多地采用这种模式，例如 Vestas 基本不需要外部采购部件，Gamesa 外部采购发电机，Suzlon 外部采购齿轮箱。另一种是专业化协作模式，即整机企业主要从事整机设计开发和总装，各零部件则按照设计要求通过招标选择外部企业进行生产供应。国际风电企业中目前主要是 GE Wind 采取这种模式，面向(全球/中国)外部采购多数部件。近年来，随着风电技术产业的逐步成熟和供应链日益紧张，国际风电设备制造业垂直一体化生产的趋势更加明显。我国风电设备制造业虽然还处于发展初期，涉足风电设备生产的企业正处在不断分化过程之中，但应顺应风电产业链整合的发展趋势，建立风电产业链有效整合的促进机制，以减少风电设备市场因盲目竞争而产生的不必要的效率损失。

3. 积极推进风电设备生产的标准化、系列化

标准化和系列化生产是风电设备制造业取得高效、走向成熟的必由之路。20 世纪 90 年代欧洲风电界推出大批兆瓦级风电机组产品的同时，欧洲风能协会也在欧盟委员会支持下组织制定风机标准，协调各个风机制造商，在技术创新的同时推行相对稳定的机型和频谱，以避免机型出现混乱，增加零部件的通用性和互换性，提高可靠性和稳定性，从而有效降低了发电成本。

系列化和标准化是实现规模化生产的前提。世界风能理事会的研究显示,风电成本的进一步下降,40%依赖于技术进步,而60%将依赖于规模化发展。过去的风电成本下降更多的是依赖于技术进步,以后则更多的是依赖于规模化发展。

目前,我国风电设备制造业的发展已经起步,近期研制成功的新型风电机组产品将大批量投放市场,但是整个风电设备产业体系却处于混乱、低效的发展阶段,亟待推动标准化和系列化生产,规范技术路线、整机和零部件产品线,提高产业发展效率和经济效益。此外,我国风电发展处于初期阶段,具有推行风机系列化和标准化的良好机遇和条件,应当在进行充分研究论证的基础上吸收国际经验,尽快制定实施国内风电设备标准化、系列化的政策,统一机型,实现风电装备规模化生产,以达到提高产业的投入产出效率、降低投资和发电成本的目的。

7.4　本章小结

处在产业链上游的风电设备制造业,是整个风电产业链的核心。风电产业链的培育关键在于风电设备制造业。从风电设备制造技术水平和发展阶段上看,虽然我国小型离网式风电设备制造技术已经比较成熟,具有较强的国际竞争能力,但在大型并网式风电设备的制造上还处在明显的技术落后、国际竞争能力薄弱的"幼稚"阶段。

在世界经济一体化以及WTO框架之下,对"幼稚产业"或"弱势产业"实施必要的保护政策是促进产业成长和发展不可缺少的前提。事实上,即使是经济强国也都在有选择地保护自己的幼稚或弱势产业。可以说,保护幼稚产业或弱势产业是绝对的,而不保护则是相对的。对于我国风电产业这样一个新兴的"幼稚"产业而言,实施适度保护措施的必要性可以被综合运用博弈、非线性规划等手段建立起来的经济模型所证实。

从产业培育模式选择的角度看，建立有效的产业培育组织形式，是沟通科技创新与产业发展的枢纽和核心。由于风电设备制造各环节之间的技术关联程度、专业化程度都很高，技术的规模效应相对比较显著，因此，风电设备制造业在产业组织形式上更加适合大型、集团化生产组织的发展。但在现实中，我国目前风电设备制造业出现了投资遍地开花、许多中小型企业纷纷涉足的情况，在经过一段时间的发展之后将不可避免地出现调整、整合的局面，这在产业发展模式选择的过程中应当引进足够的重视。

保护虽然是幼稚产业存在和发展的前提和基础，但保护的目的不是为了拒绝竞争、强化垄断，幼稚产业成长和兴盛的关键取决于产业自身发展能力的提高。因此，从产业发展的规制角度看，选择有效的幼稚产业培育模式，加强和完善幼稚产业的培育机制，才是促进幼稚产业成长和发展的根本。我国风电产业的发展应高度重视建立健全风电技术标准和产品检测认证体系，以有效保障风电设备产品质量。同时要强化风电产业链之间的相互协调，积极推进风电设备生产的标准化、系列化，实现风电装备规模化生产，以提高产业的投入产出效率，降低投资和发电成本。

8 风电价格形成机制优化

近年来，我国风电装机容量超高速增长。从 2006 年到 2009 年连续 4 年不仅新增装机容量翻番，而且累计装机容量也都在兆千瓦级上实现了倍增。但从长期发展来看，相对于丰富的风能资源储备而言，我国目前风电开发水平还很低，与风电强国相比，我国风电产业的发展潜力还很大。

欧洲风电强国德国 2003 年的风电量就已能满足 5.9%的电力需求，丹麦更是在风电量满足 18%的电力需求的基础之上，提出到 2010 年要实现风电量满足 25%的电力需求的目标，但我国 2006 年风电装机容量仅占全国总装机容量的 0.4%，2007 年上网风电电量约为 52 亿千瓦时，仅占全国总电量的 0.16%。

为促进我国风电产业的持续健康发展，就迫切要求加大风电产业制度建设的力度，特别是妥善解决风电上网价格形成机制不完善所造成的问题，给风电产业创造一个制度健全、政策有效、市场完善的可持续发展的空间。

8.1 我国风电上网价格形成机制分析

8.1.1 我国风电上网价格制度的演变

在 1986—1993 年我国风电发展的初期示范阶段，主要利用国外赠款及贷款建设小型示范风电场，上网电价很低，其水平基本与燃煤电厂持平，此阶段的风电价格制度可以说是在特定时期完全市场化的。

在 1994—2003 年风电产业化建立阶段，规定电网应允许风电场就近上网，并收购全部上网电量，上网电价按发电成本加还本付息、合理利润的原则确定，高出电网平均电价部分在网内均摊。此阶段风电上网电价由各地价格主管部门批准，报中央政府备案，实际形成的风电价格可谓是五花八门，参差不齐，最高的达1.2元/千瓦时（浙江括苍山风电场），最低只有0.3元/千瓦时。

从2003年开始，随着国际风电技术的成熟和成本的不断下降，大规模商业化开发风电的基础开始具备，我国风电产业进入了规模化及国产化发展阶段。但由于我国风电设备生产技术落后，风电机组主要依赖进口，使风电成本的下降受到严重阻碍。同时，此阶段正是我国电力体制市场化改革不断推进的时期，国家发改委以提高风电设备国产化水平、约束风电成本、降低上网电价为主要目的，从2003年起推行风电特许权投标制度。规定特许权经营期为25年，国家发改委负责完成50 MW以上项目前期工作并公开招标，投标者的风电机组采购的本地化率不得低于50%（2004年开始将这一比率调整为70%），投标电价最低者中标。中标项目执行两段制电价：风电机组累计满负荷发电30 000小时之前执行中标电价，累计30 000小时到特许期结束执行当时电力市场平均上网电价。同时，允许地方政府核准低于50 MW的风电项目，执行核准电价。因此，此阶段的风电上网价格制度，实际上是特许权招标定价与核定电价并存的模式。如今，这一模式还处在不断调整的过程中，例如在2007年进行的第5期特许权招标项目中，取消了风电特许权项目最低价中标的规定，改为中间价中标，以遏制低价竞争的现象。另外，国家发改委还对政府核准项目电价形成作了一些调整，2007、2008年两年集中核定了一批风电项目（共计120项）的上网电价，统一电价开始在政府核准项目上显现。

8.1.2 我国现行风电上网价格水平

到2007年底，我国一共进行了5期风电特许权项目招标，招标公布的特许权项目15项，实际招标实际调整为19项（见表

8-1)，总装机容量为350万千瓦。

表8-1 前5期风电特许权招标项目规模及中标电价表

	项目名称	实际招标规模/兆瓦	中标电价/(元·千瓦时$^{-1}$)
第一期 2003年	江苏如东风电场	100	0.436 5
	广东惠来石碑山风电场	100	0.501 3
第二期 2004年	江苏如东第二风电场	150 *	0.519 0
	内蒙古辉腾锡勒风电场	200 *	0.382 0
	吉林通榆团结风电场	400 *	0.509 0
第三期 2005年	江苏东台风电场	400 *	0.519 0
	甘肃安西风电场	100	0.461 6
	山东即墨王村风电场	100	0.600 0
第四期 2006年	内蒙古灰腾梁风电场	600	0.405 6
	内蒙古巴音风电场	200	0.465 6
	河北单晶河风电场	200	0.500 6
第五期 2007年	内蒙古乌兰伊力更风电场	300	0.468 0
	内蒙古通辽北清河风电场	300	0.521 6
	河北承德御道口风电场	150	0.551 0
	甘肃玉门昌马风电场	200	0.520 6
按装机容量平均电价/(元·千瓦时$^{-1}$)			0.481 6
平均电价/(元·千瓦时$^{-1}$)			0.490 8

注："*"表示招标时有调整的项目，它为调整后的实际数据。资料来源：国家发改委相关文件。

2007年、2008年，国家发改委集中核定了120个风电项目的上网电价，最低价格为0.51元/千瓦时，最高价格为0.61元/千瓦时，平均价格为0.56元/千瓦时，总体上高于特许权招标电价，项目电价分布情况见表 8-2。

表 8-2　2007 年、2008 国家发改委核定的风电项目电价

核定电价/(元・千瓦时$^{-1}$)	0.51	0.54	0.56	0.585	0.61
项目数/个	40	19	12	2	47
装机容量/万千瓦	1 854.9	929.3	421.6	145	1 713.75
按装机容量平均电价/(元・千瓦时$^{-1}$)		0.555 7	平均电价/(元・千瓦时$^{-1}$)		0.560 0

资料来源:国家发改委发改价格〔2007〕3303 号、〔2008〕1876 号文件。

根据第 5 章我国风电项目平均成本测算数据,我国前 5 期风电特许权招标上网电价显得偏低。在风电投资成本的构成中,一般以风电机组价格、风电场容量系数和风电项目贷款利率 3 个因素的影响最为明显。以江苏如东第二风电场二期工程为例,其设计寿命为 20 年,平均容量系数为 0.24,在风电机组平均价格约为 8 000 元/千瓦,风电机组投资占总投资比重的 75%的情况下,如果不计税收,不考虑其他收益(如 CDM 项目收益),当项目内部收益率为 8%时,风电成本达到 0.63 元/千瓦时;当项目内部收益率提高到 10%时,风电成本则应达到 0.721 元/千瓦时。若加上风电项目增值税 8.5%,以及各项附加 11%(教育附加为 3%,地方教育附加为 1%,城建附加为 7%),上述两种情况下的风电成本分别为0.629 2元/千瓦时和 0.717 0 元/千瓦时。显然,单从财务数据上分析,我国现行的风电价格水平对社会资本的吸引力是十分有限的。

8.1.3　我国现行风电上网价格形成机制分析

1. 风电特许权制度对推动中国风电大规模发展具有重大意义

通过对近年来我国风电特许权制度的实践来看,风电特许权制度的贡献并没有体现在招标定价上,而是体现在它提供了较完整的促进风电产业发展的核心框架上。

首先，风电特许权制度明确了风电不参与电力市场竞争，电网公司与项目投资者签订长期购售电合同，保证全部收购项目的可供电量，对规定的上网电量承诺固定电价，从而使风电项目摆脱了产品销售的风险。

其次，明确了由电网公司投资建设连接风电场的输电线路和变电设施的责任，较好地化解了制约风电上网的体制障碍。

第三，引入了投资者公开竞争的机制，吸引了电力系统之外的投资力量关注风电行业，在一定程度上为推动风电产业投资多元化创造了必要条件。

第四，提出了风电机组国产化率的要求，有效带动了国内风电设备制造业的发展，风电产业化发展的基础开始建立。

2. 风电特许权制度的不足集中反映在风电项目的招标定价制度上

风电特许权制度存在着一些问题，集中反映在风电项目招标定价制度缺少必要的配套条件，从而造成特许权项目的中标价格严重偏离实际成本，招标过程出现低价盲目竞争，甚至存在损害风电产业长期良性发展、可持续发展的风险。风电特许权招标定价的本意是要在风电产业的成长阶段就建立起完善的市场化机制，避免出现新的垄断。但是，在我国目前电力价格体制改革尚未完全到位的情况下，通过行政手段拆分刚刚形成的国有电力集团，必然会促使他们以拓展电力扩张空间为目标争夺风电项目资源，凭借其经济实力恶意压低电价以击败竞争者，结果造成国家扶持风电产业发展的意愿很难在电价上体现出来，增加了风电产业长期发展的不确定性：一方面，过低的上网电价使得风电投资者难以赢利，使风电产业失去滚动发展、良性发展的能力，并严重挫伤了社会资本进入的积极性；另一方面，过低的上网电价不但使风电项目不能提供所得税，起不到促进项目所在地经济发展的作用，而且最终将不断挤压风电设备制造业的盈利空间，存在压垮国内新兴的、竞争能力还很微弱的风电装备制造业的风险。当然，风电项目招标定价机制的实践并非没有收获，毕竟招标制度具有一定的价格发现功能，前 5 期风电特许权招标在一定程度上促使了风电成本的真实显示，从而对完善风电价格形成机制提供了参照。

3. 现有风电项目审批制度存在降低风能资源利用效率的隐患

根据目前的检索条件和检索能力，有关风电项目审批权限、程序和条件的规定仅在《可再生能源发电有关管理规定》有所体现："5 万千瓦及以上风力发电项目，由国家发展和改革委员会核准或审批。其他项目由省级人民政府投资主管部门核准或审批，并报国家发展和改革委员会备案。"但除了特许权项目有明确的招标条件和程序要求之外，其他核准或审批项目并无明确的程序规定和要求，这种项目审批上的差异实际上存在降低风能资源利用效率的隐患。从国家发改委近 2 年集中核准电价的项目情况看，在全部 120 个项目中装机容量集中在 4 万～5 万千瓦之间的有 86 个，其中，装机容量正好为4.95 万千瓦的就达 50 个之多(见图 8-1)。这不能不令人生疑，难道 4.95 万千瓦的装机规模正好是项目所在地的最优规模？这一问题应当引起重视。

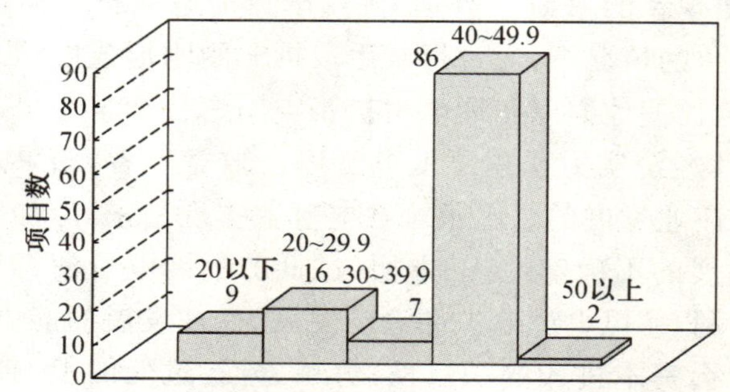

图 8-1　2007—2008 年国家发改委核定电价项目装机容量

资料来源：国家发改委网站 http://www.sdpc.gov.cn。

8.2 风电上网价格形成机理分析

风电价格的形成应该是一个典型的价格管制问题。与常规电力相比,风电价格在本质上是更有条件通过市场竞争形成。由于常规电力生产存在着明显的负外部效应(消耗不可再生的化石资源和产生环境污染),同时其规模经济的存在又使得它具有一定的自然垄断特性,因此,对其实行价格管制的理由十分充分。然而风力发电利用的是可再生资源,根本没有有害物质的排放,也不存在明显的规模效应,实行价格管制的理由何在?实际上,风电价格管制的原因不在风电本身,而在与风电竞争的常规电力市场没有将其外部效应内部化,从而严重低估了发电成本,进而使风电价格相对较高,损害了公平竞争的市场基础。根据上述认识,我们认为风电价格形成的内在机理存在着一些规律性。

8.2.1 合理的风电价格能准确反映风电成本构成与需求变动

根据欧洲风能协会的研究成果(见图 8-2)不难发现,风电的显性(内部)成本明显高于常规电力,而风电的隐性(外部)成本却大大低于常规电力。但是,如果将显性(内部)成本和隐性(外部)

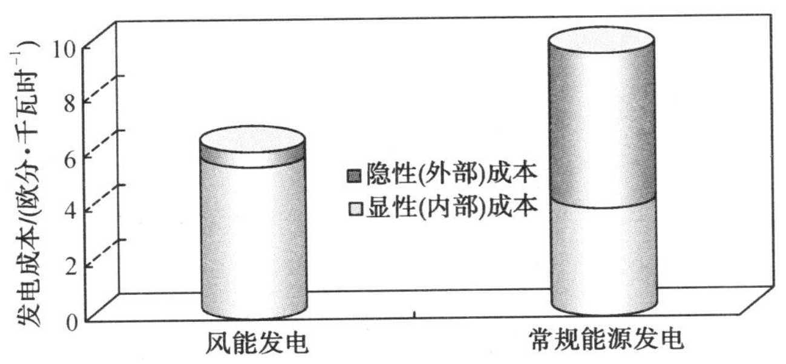

图 8-2 风能与常规能源发电成本对比

数据来源:根据欧洲风能协会研究资料绘制。

成本加在一起，风电的总成本却要比常规电力低很多：每产生1千瓦时的电力，风电要比常规电力减少40%的外部成本。实际上，这也正是人类社会在经济不断发展，生活水平不断提升的过程中，对发展风电能源产生越来越多的社会需求的根源所在。

因此，发展风电等可再生能源不仅具有现实的经济价值，更重要的是具有化解社会发展必须面对的资源和环境双重矛盾的社会价值。面对如此低的社会成本和如此高的社会需求，风电价格高于常规电力价格应该是十分正常的。

8.2.2 常规电力外部成本内部化是形成合理风电价格的关键

风电作为一种电力形式，在电力市场上与常规电力是一种竞争关系，其价格不仅反映自身“费用对效用的关系”，而且还反映电力市场中不同类型电力之间的比价关系。也就是说，风电价格是否合理，除了要看它能否补偿成本消耗之外，还要看整个电力价格体系中比价关系是否合理。长期以来，电力生产的外部成本一直未能实现内部化，从而导致常规电力价格水平过低，严重扭曲了电力市场价格信号。如今，当人们面对发展风电等可再生能源电力构建合理的价格形成机制时候，就不能绕开常规电力隐性(外部)成本内部化这一关键问题。因此，彻底解决常规电力生产的隐性(外部)成本内部化问题，是可再生能源电力价格形成机制真正合理化的关键。

8.2.3 价格补贴是现行合理风电价格形成的实质内容

在不存在非市场因素影响的情况下，市场机制能够形成一个有效率的价格，这是人们期盼的风电价格完全市场化的状态。但现实中的电力市场存在着强烈的负外部效应，并不是一个有效的市场，其价格是失真的。风电价格管制的目的必然是提高风电价格水平，使之具备市场竞争能力。不管风电价格管制的方法如何选择，其实质内容都应该是对风电价格进行补贴，其目标都应该体现在增强风电产业的竞争能力，促进风电产业基础的建立，为风电产业完全市场化奠定基础。

8.2.4 市场化管制比直接行政价格管制具有更多的优越性

实施电力市场价格管制的一个难点,在于如何有效显示包括隐性(外部)成本在内的电力成本。市场化的价格管制手段能够充分利用市场的价格发现功能,激励处于隐性状态难以量化的成本有效显示出来,使管制效果得以提高。而直接的行政管制不但无法做到这一点,并且由于存在审批低效率、权力寻租等政府失灵的风险,从而使其实施效果和适用范围受到很大限制。市场化的价格管制方法很多,项目招标、排污权交易、绿色证书交易等都是可行的选择。

8.3 完善我国风电价格形成机制

风电价格实质上更具有市场化基础,但现实中又不具备完全市场化的条件。因此,完善我国风电价格形成机制的基本思路应该是:在坚持电力管制市场化改革取向的基础上,立足现实,放眼长远,明确目标,分阶段、有步骤地加以推进。对于近期而言,应立足于我国风电产业发展的实际,针对我国风电价格政策中的问题,以培育风电产业基础和提高风电产业竞争能力为目标,不断优化风电价格管制手段和措施,提高风电价格形成机制的科学性;对于长远而言,应认清构建完善的风电价格形成机制关键不在风电本身,而在常规电力生产外部成本的内部化。着力研究和推进以排放权交易制度为核心的节能减排机制的建立,在促进整个电力价格体系不断完善的过程中最终实现风电价格的市场化。

8.3.1 近期措施

1. 变“招标定价”为“招标定商”,继续完善特许权招标规则

风电特许权招标在制度设计上是先进的,是借助市场实现有效管制的重要途径,对此我们应该坚持,但在招标规则的设计上应注意及时优化和调整,目前要特别注意有效防止低价、盲目竞

争。我国第5期招标项目已经将最低价中标修改为剔除最高价和最低价的平均价中标，并降低了电价的评标分值，中标电价出现了理性回归的迹象，这是一个很好的改进。应进一步抓紧招标项目规划前期工作，尽量多储备一些项目资源并尽早公示，以帮助投资者有计划地参与。同时，建立规范的招标项目调整机制，当投标超过一定限度时要适时调整招标项目数，以平衡招标项目供求关系。在风电成本信息进一步充分之后，可以统一制定风电价格，变"招标定价"为"招标定商"，以资源利用效率、技术水平、电力质量为评标依据，彻底改变以风电价格承诺来取得项目开发权的做法。考虑建立风能资源使用补偿机制，切实保护项目所在地的利益，具体设想是在风电项目招标时要求开发商承诺提交"风能资源使用补偿基金"，并承诺将可再生资源发电量占总发电量的比例作为重要的评价标准。该基金返还项目所在地，专门用于项目开发补偿。

2. 调整风电项目审批分工，统一风电项目优惠政策

目前，我国风电特许权项目和政府审批或核准项目分界不清，以5万千瓦作为区分依据的科学性和合理性值得怀疑。应根据风能资源的分布特点，从有利于资源开发的角度在国家和地方政府间进行合理分工：国家专门负责跨行政区的风能资源重点开发区域的项目审批；地方政府负责行政区内不属于国家重点开发区域的项目审批。在科学评估的基础上，依据资源条件来确定项目的开发规模，宜大则大、宜小则小。在执行统一的风电上网价格之后，可以考虑将所有风电开发项目都统一为风电特许权项目给予同等待遇，并尽可能通过招标来选择开发商。同时，地方政府要着力放开可零星、分散或单机开发的风电项目的审批权，实行备案制，并切实为这些项目的开发提供服务，特别是为其上网创造条件。

3. 建立与化石能源稀缺程度相联系的长期的电价联动机制

风电是对常规能源电力的一种替代，其价格应该更好地反映

化石能源的稀缺程度的变化，与常规能源电价形成联动关系。我国现行的风电价格制度缺乏这样的联动机制，因而从长期来看其适应性受到影响。可以考虑在现行风电价格政策的基础上，以招标电价或政府核定电价为最低价格(保护价)，规定当常规能源电价变动幅度超过一定水平时，允许按适当的比例调整风电价格，从而使风电价格更好地反映市场的供求状况，取得整个电力市场比价关系的协调与均衡。

4. 继续完善影响风电价格形成的配套政策和措施

尽快改变风电项目增值税税负过重的不合理状况。目前，我国风电项目实行的是增值税减半政策，但实际上这只是名义上的优惠。因为与火电相比，风电没有燃料消耗而没有进项税抵扣，而在火电成本中燃料成本占到70%以上，抵扣进项税后的实际税负还不到名义税负的一半。为鼓励风电产业的发展，应该给予风电实实在在的优惠，至少可以做到让风电享受与小水电一样的税收待遇。同样，除了在风电项目招标中规定国产化率要求以外，还应关注我国风电设备制造业的财税政策支持，对使用国产风电设备的风电场，可向风电设备制造企业按发电量的一定比例上交税收，专门用以技术开发和创新，不断提升风电设备制造业的市场竞争能力。

8.3.2 长效措施

减少温室气体排放不仅是国际社会应对日益恶化的能源与环境问题的重要措施，也是我国提高经济增长水平和质量，增强国际市场竞争能力和可持续发展能力的自觉要求。虽然《京都议定书》在2008—2012年的第一承诺期内并没有规定我国的减排义务，但在经济高速增长、能源需求和消费量不断攀升的情况下，控制温室气体排放问题的严峻性将不断突显出来。根据国际能源机构的预测，我国温室气体排放量将于2010年前后超过美国，成为世界第一。另外，“巴厘路线图”已经将发展中国家承担具体减限排义务正式纳入到“后京都议程”之中，中国将在未来气候变化国际进程中被推到风口浪尖之上。因此，从长期发展来看，建立我国能源消费负外部效应的自我约束机制已变得十分迫切。

1. 加快研究建立我国排放权交易制度和交易市场

在国际上已经建立的3种灵活减排机制（国际排放贸易IET、联合履行机制JI和清洁发展机制CDM）中，基于配额交易的排放权交易无论从市场价值以及市场占有量上都优于以清洁发展机制为代表的基于项目的排放权交易，它应成为我国能源消费负外部效应自我约束机制的核心，需要重点研究，并尽快建立交易市场进行试点。可以先从促进可再生能源产业的发展的角度推行绿色证书及其交易，然后在不断总结经验和优化调整的过程中逐步过渡到全面的排放权交易。

2. 建立并完善相关法律体系和交易规则，规范排放权交易框架

一方面，建立相关的法律体系，明确排污许可证制度和总量控制的法律地位，以保证温室气体排放权交易有法可依，有章可循；另一方面，区分国内交易和国际交易制定相应的规则，创造公平透明的交易环境，并主动与国际上较成熟交易体系（如芝加哥气候交易所、欧洲排放交易体系）相对接，防止不正当竞争，维护我国温室气体减排项目应取得的正当利益，保证排放权交易市场的有效运行。

3. 不断创新排放权交易产品和交易形式

我国的排放权交易的对象不应仅限于减排二氧化碳。在市场发展的初期，可以借鉴芝加哥气候交易所的经验，将二氧化碳、甲烷、氧化亚氮、氢氟碳化物、全氟化物、六氟化硫等6种温室气体都纳入进来。在交易形式上，可以先从在联合国注册成功的CDM和JI项目的现货交易开始，逐步积累经验，同时针对基于排放权配额的交易价格波动性较大的特点，借鉴一般金融市场和芝加哥气候交易所的期货、期权交易合约，加快我国排放权衍生

产品及其交易的创新工作，有效控制排放权交易的价格风险。

4．加强排放权交易的行政监管体系建设

排放权交易制度产生于节约能源、减低经济社会活动对环境危害的公共需要，虽然采取了通过市场来配置稀缺的排放权资源的形式，但诸如初始排放额度的设定、排放水平的监测和制度规则的设计与调整等环节，都必须借助政府公共管理的力量才能完成，因此需要加强环境资源行政管理等部门的规划计划、总量控制、初始分配、审查监督、交易价格的检查指导等行政监管职能建设，以确保环境资源保护与可持续开发利用的协调发展，实现环境资源市场配置的公平与效率原则。

8.4 本章小结

近年来，我国风电产业取得了超高速的发展，但与世界风电强国相比，我国风电产业的发展水平还较低。进一步加大风电产业制度建设力度，特别是完善风电上网价格形成机制建设就显得十分重要。我国风电价格形成制度在经历了特定时期的市场调节阶段、政府审批阶段、特许权招标与政府审批（核准）并存阶段之后，还需要不断调整和优化。其主要问题体现在风电特许权制度由于缺少必要的条件配合，造成中标价格偏离实际成本的盲目竞争，同时现有的风电项目审批制度存在降低风能资源利用效率的隐患。

从本质上分析，风电价格的形成实际上是一个典型的价格管制问题，其内在机理存在着一些规律性。首先，合理的风电价格应能准确反映风电成本构成与需求变动的关系；其次，常规电力生产的隐性（外部）成本内部化是完善风电价格形成机制的关键，是长远目标；第三，从现实角度来看，实行价格补贴是在电力生产的外部性没有内部化的情况下，形成合理的风电价格机制的实质内容；第四，市场化价格管制比直接行政价格管制具有更多的优越性，代表着未来市场的发展方向。

完善我国风电价格形成机制，应该在坚持电力管制市场化改革取向的基础上，立足现实，放眼长远，明确目标，分阶段、有步骤地加以推进。从近期来看，要立足于我国风电产业发展的实际，针对我国风电价格政策中存在的问题，以培育风电产业基础和提高风电产业竞争能力为目标，不断优化风电价格管制手段和措施，提高风电价格形成机制的科学性。具体抓好特许权招标完善工作，合理调整风电项目的审批分工和统一风电项目优惠政策，建立与化石能源稀缺程度相联系的长期的电价联动制度，不断完善影响风电价格形成的配套政策等。从长远来看，要认清构建完善的风电价格形成机制关键不在风电本身，而在常规电力生产外部成本的内部化，应着力研究和推进以排放权交易制度为核心的节能减排机制的建立，在促进整个电力价格体系不断完善的过程中最终实现风电价格的市场化。具体做好加快研究和建立我国排放权交易制度和交易市场工作，以加强法律体系和交易规则建设来规范排放权交易框架，创新排放权交易产品和交易形式，加强排放权交易的行政监管体系建设等。

9 风电产业链的有效整合与发展

我国风电产业正处在一个前所未有的高速增长时期，这不仅意味着我国风电产业链正面临着良好发展的机遇，同时也从多方面反映出超高速增长给风电产业长期持续发展所带来的巨大风险。特别是国产风电设备可靠性不高，风电机组平均可利用率普遍低于95%；风电机组零部件的产能和质量还不能完全适应风电机组整机制造发展的需要，关键零部件不仅依赖进口而且供应周期长，已成为制约产能提高的瓶颈；风电产业发展所必需的配套服务不健全，风电咨询业、技术服务业、资金融通与保险业等环节存在着严重的发展不足；电网配套建设滞后，特别是风能资源富集区的电网架构薄弱，制约风电并网；风电设备制造缺乏相关专利权的开发和保护意识，在风电技术专利竞争过程中处于不利地位；在风电价格形成上盲目低价竞争，严重削弱了整个产业长期健康发展的基础。如何有效解决这些问题，以提高风电产业的国际竞争力，这就迫切需要我们把握风电产业发展的总体趋势，重视风电产业链的重组整合，优化风电产业的发展策略。

9.1 风电产业链的类型结构、整合形式与整合动机

9.1.1 产业链的类型与结构

从产业链内部结构上区分，一般可将现有产业链划分为两种类型：一种是线性关联产业链，其特点是产业链内部结构主要是以基于技术的专业化分工，以上下游有形产品关联为主线，其知识联系比较少，形成的是一种线性的产业链结构，由于这种产业

链在传统制造业中普遍存在，通常又称之为传统产业链；另一种是网络关联产业链，其特点是以基于知识的功能性分工为基础，以知识关联为主线，在产品技术、价值创造模式、知识管理模式等方面都发生了根本性的变化，实行的是新型的模块化生产，形成的是网络状的产业链结构，由于现代以知识创造为核心的产业链大都呈现出这样的结构特点，故又称之为现代产业链。

风电产业链实际上是以风力发电这一最终产品生产形式为中心，以风力发电机组整机设备及其零部件制造为基础的产业链条。虽然风电产业链的形成和发展所依赖的是一种不同于传统能源利用的新技术，但从产业链的结构上看，风电产业链依然是以纵向产品关联为主线的，其产品链、价值链和知识链都呈线性特征，因此，风电产业链应该属于传统产业链类型。

若要进一步认识风电产业链的实质，就需要分别从产品链、价值链和知识链等方面分析风电产业链的结构特征。

1. 传统产业链中的产品链

传统产业链上下游之间的关联主要表现为产品的投入产出关系：上游企业的产品作为下游企业的投入。以风力发电产业为例，其产品链如图 9-1 所示。

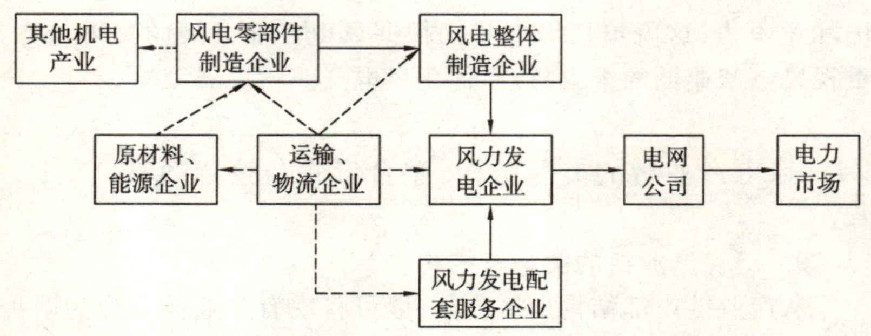

图 9-1　风力发电产业的产品链(实线部分)

从传统产业产品链的特点来看，由于其更加重视有形产品的联合，因此，产业链的整合、风险控制等都是借助于一体化或者联盟等形式，通过直接影响产业链内部各个环节的产品供求关系得以完成的。

2. 传统产业链中的价值链

从一个企业的角度来看价值创造过程，波特的价值链理论将企业的分工协作过程看成是一系列相互分离的价值活动的组合。对一个典型的生产加工企业的经营活动来说，其价值活动可以分为两类：一类是包括入库物流、生产作业、出库物流、市场营销、服务等在内的基本活动；另一类是包括企业基础结构、人力资源管理、技术开发和采购等在内的辅助活动。

从一个产业的角度来看价值创造过程，企业价值链只是整个产业价值链中的一个环节。企业的设计、生产、销售、服务构成企业（内部）价值链，与供应商、分销商、最终顾客等一起构成产业（外部）价值链。因此，产业价值链是由从原材料供应商到顾客的一系列环节构成的，包括供应商价值链、加工企业价值链、渠道价值链、买方价值链等，波特将价值链称为“价值系统”。

按照这一理论来分析风电产业的价值系统，它至少可以包括以下一系列企业价值链，如图 9-2 所示。

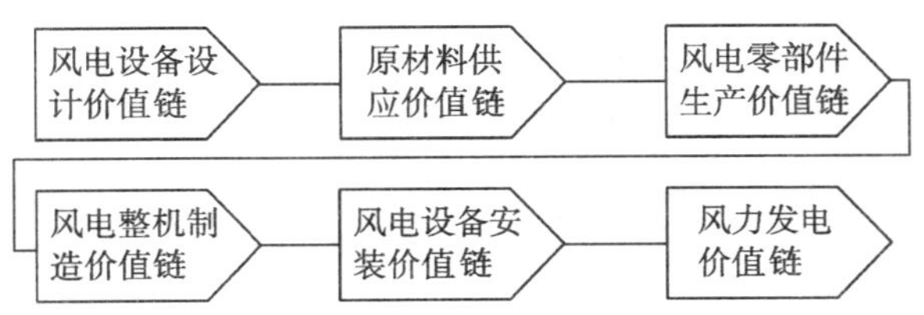

图 9-2 风力发电产业价值链

传统产业价值链价值增值模式是线性的，产业链下游企业的非价值增值活动可能会损害上游企业甚至整个产业。在传统的产业价值链上，企业只是扮演某种产品的生产者和销售者、价值的创造者和传递者的角色，产业链中上一个环节的产出就是下一个投入的成本。当产品在一个环节完成之后，虽然该环节的价值增值是确定的，并且下游企业作为价值的传递者，上游的企业价值增值对下游的企业价值链没有影响，但是下游企业的非价值增值活动却有可能抵消上游环节的价值增值努力，甚至使整个产业价值链的努力都付之东流。可以想象，设计、制造都很出色的产品，但因低劣的消费者服务最终可能抵消整个产业链的努力。这就是传统产业价值链的特点。

3. 传统产业链中的知识链

企业的核心能力是一个动态的知识系统，即企业通过学习和其他知识积累形式不断增加企业知识的动态能力，这是企业获得竞争优势的关键。传统产业链上的企业总是力图吸收和整合外界的知识并将其内部化，以形成自己的核心竞争力。但企业知识是员工个人知识和企业组织知识的综合，它既包括可以用语言来传递的显性知识，也包括不能用语言来表述的隐性知识。传统产业链上能够流动的知识，通常只是部分关于产品的特殊性知识(表现为技术要求)。这些知识一般以显性形式在命令体系之下于企业组织内部传递，如图 9-3 所示。

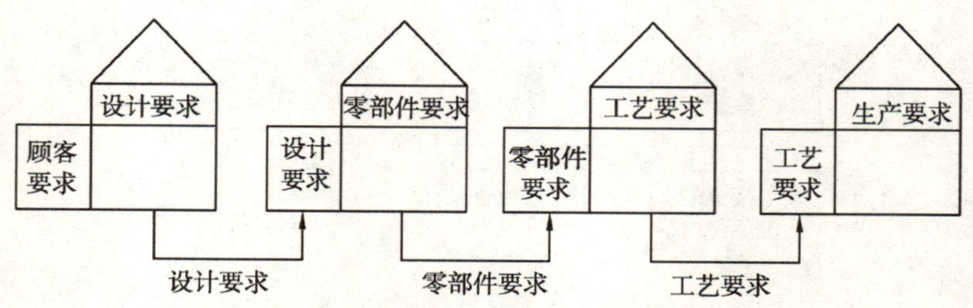

图 9-3　传统产业特殊性知识的传递

传统产业链上的整合性知识、配置性知识等隐性知识由于没有实现外部化，从而不能在产业链上被共享。因此，传统产业链上的知识多数是一个个相互分离的孤岛，产业链上的知识分工主要是基于技能的专业化分工。产业链上游企业能够了解到的只是下游企业的需求信息,并不能了解整个产业链的价值创造的配置性知识;相应地,下游企业虽然能了解顾客的需求,但受制于上游企业的产品约束和整合性知识约束,因而无法实现顾客价值的创造。

9.1.2 传统产业链整合的主要方式

传统产业通常将知识凝聚到有形产品上,然后通过产业链进行扩散,即凝结在产品中的知识是从上游厂商转移到下游厂商,并且在厂商之间通过有形产品关联建立起来的关系主要是竞争关系,其竞争策略通常是以规模经济为基础构建进入壁垒。因此,这些特点决定了传统产业链上的企业在面临技术、需求、产品生命周期等因素的变化时,其主要应对措施是基于资产关联的一体化整合,而整合的主体主要是资本实力者。

1. 传统产业链的水平整合

产业链的水平整合一般可以有两种方式:一种是水平合并,另一种是建立横向联盟。

水平合并的目的主要是提高市场集中度,增强市场势力,从而加大对市场价格的控制力,提高盈利水平。当然,市场集中度的提高也有助于在位厂商自行构建或者与其他厂商联合构建进入壁垒,从而阻止潜在进入者的进入。

横向联盟的目的主要是在保持各企业独立自主的前提下,通过联合而充分利用市场势力,达到增强对市场价格的控制力、提高盈利水平的目的。当然,由于存在信息不对称和囚徒博弈困境等问题,这种横向联盟通常并不稳定,但在短期内仍然不失为一种有效的产业链整合方式。

对于规模经济显著的产业,伴随着产业逐步走向成熟,市场集中度会逐步提高,产业链的横向合并会不断加剧。汽车产业就是这样的典型。汽车产业规模经济性比较显著,一般年产 30 万辆才可以支撑车身开发,年产 50 万辆才可以支撑发动机开发,年产100万辆才可以支撑整车的开发，因此，全球汽车产业的横向合并事件并不少见。而对于衰退产业，伴随着市场规模的缩小，市场细分的程度将会下降，部分原先为适应细分市场要求而存在的企业就会通过横向整合而合并，以减少交易成本，适应市场规模的变化。

在传统产业链的发展中，如果产业链的水平整合不能通过规模经济性来降低成本，而是单纯为了增加市场势力、控制价格来提高垄断利润，那么这种合并将可能减少消费者福利和社会福利。因此，产业链的水平整合正是政府经济规制的重点内容。

2. 传统产业链的垂直整合

产业链的垂直整合可以分为垂直合并和纵向约束两种类型：垂直合并是指企业将产业链上游或下游的企业合并组建成为新的企业（一般将合并下游企业称为前向合并，将合并上游企业称为后向合并）；纵向约束是指产业链上的企业通过对上游或下游企业施加垂直控制，使之接受一体化合约，最终通过产量或价格控制，实现产业链纵向利润的最大化。

垂直一体化除了可以带来市场势力以外，还可以给一体化企业带来水平方向上的竞争优势。研究表明，产业的垂直一体化程度随着产业的市场集中度的上升而提高，即市场集中度越高，垂直一体化的动机也越强烈。这从侧面说明产业链上的企业进行垂直一体化，其主要目的就在于提高自己的议价能力。

在市场需求波动剧烈的行业，为了减少信息不确定性带来的存货风险，厂商也会有一体化动机。其一般特点是：当投入品市场不确定性问题严重时，厂商选择后向一体化；当最终产品市场需求不确定性问题严重时，厂商倾向于前向一体化化。例如，火力发电企业为了解决煤炭供应不稳定的风险，就存在着较强的后向一体化的意愿。

垂直一体化的另一个重要原因是节约交易成本。当产业需要进行专用性资产投资的时候，资产专用性越强，投资的沉淀成本就越高。因此,为了避免沉淀资本投资的潜在损失,供应商和重复购买者就存在合并的动机。另外还有研究表明,对特殊人力资本的投资就是一种具有明显专用性的投资,垂直一体化可以限制双方的机会主义行为。

综合来看,对于传统产业链的整合,不管是水平整合还是垂直整合,其目的主要表现在两个方面:一个是充分利用资源,实现共享,发挥规模经济和范围经济的优势;另一个是增强市场势力,尽最大可能获取垄断利润。

9.1.3 风电产业链整合的主要动机

从产业链整合的角度来看,高速成长中的风电产业存在着十分明显的水平与垂直控制动机。

1. 明显的规模经济性导致风电产业链垂直整合的要求更加强烈

在人类社会发展面对越来越严重的环境恶化问题的背景下,风力发电作为一个新兴的绿色能源产业,其市场需求空间巨大。我国风能资源丰富,风能利用的发展前景十分广阔。根据前述我国风电产业链演化的分析可知,按照目前较保守的水平估计,在2020年之前,我国风电产业都将处在一个高速增长的时期,预计风电装机容量将保持20%以上的水平,总量增长空间很大,时间跨度也很长。

风电产业链这种高速成长的特性决定了规模经济效应比较明显,进而使得产业链的分化与整合加剧。一方面,巨大的市场空间不仅可以容纳更多的生产厂商,激励新的风电设备生产厂商不断加入,而且规模经济显著的产业在不断吸引新加入者进入的同时,也在不断加剧着产业内部的竞争性,在位厂商之间出现分化就是必然的,产业链的水平合并自然也会加剧,市场集中度会随之逐渐提高;另一方面,为获得规模经济带来的好处,现有的风电设备生产厂商会积极采用一切可能的措施进行扩张,特别是在产业链中进行垂直整合。例如整机生产厂商可以向零部件生产领域扩张，以降低供给风险和成本；风电设备生产厂商还可以向风力发电生产领域扩张，通过自建风电场或提供风电场建设的技术支持以扩大产品的市场占有率。比较风电产业链水平整合与垂直整合的可能性，一般来说，在一个产业市场发展空间很大的前提下，垂直整合的可能性会更大些。

2. 极强的资产专用性也是导致风电产业链垂直整合的重要原因

风电产业以风力发电设备为技术保障，整个产业链的成长和发展以风电设备的生产为核心。但凝结了风能利用技术的风电设备制造技术专用性十分强烈，这种专用性一旦形成后除了用于风力发电之外，几乎不存在其他用途。因此，风电投资者在计划进入风电产业链的时候，自然面对着巨大的资产沉淀风险。这就意味着在风电投资决策作出之前和之后，其选择是截然不同的，甚至会出现这种极端的情况：一个风电设备生产厂商对特定用途的专用性投资，相对于其他途径而言可能会变得一文不值。由于在这种投资和次优投资选择之间存在着巨大的差距，从而使得风电产业链上下游各环节之间形成一个强烈的双边依赖或制约关系，或者说风电产业投资者在投资之前和投资之后的讨价还价能力和余地明显不同。这样为了保证风电的专用性投资价值不被低估，产业链上下游之间选择以一体化或契约的方式进行联合就成为解决事前投资扭曲问题的必然。当然，由于契约本身的不完备性以及契约执行过程中存在着一定的成本或费用，通过产业链内部组织即垂直一体化的方式解决上述问题，就成为一个更加有效的选择。

3. 风电市场较大的不确定性使得风电产业垂直整合的意愿更加强烈

风电产业的发展需要更多地依赖政府政策的支持。风电项目从资源调查、可行性分析、申报立项到批准建设需要的时间很长，同时风电设备的生产也有一个相对较长的周期。在这样一个较长的时期内,风电市场的状况如市场价格、零配件及原材料的供应等都有可能发生很大的变化,政府的产业政策、财税政策也不可能一成不变。因此,风电市场的供需存在着很大的波动性,零部件、原材料的供应以及政策环境等也存在着很大的不确定性。为了减少由于不确定性导致的市场交易风险,保证风电设备市场和零部件供应的稳定,风电设备生产厂商有着较强的前向、后向一体化意愿,使风电产业链进行垂直整合的可能性加大。

4. 技术性门槛较高进一步增强了风电产业垂直整合的必要性

涉足风电产业不仅仅是一个投资项目的选择问题,更是一个需要众多部门协调配合的发展问题,通常涉及风力资源的勘查评价、风电场建设布局、可行性论证、零部件设计制造、风力发电机组整机制造、风力发电机组性能测试、风力发电场运营管理、电网技术改造、风电设备质量认证等多个领域,其发展需要有强大阵容的技术力量支持。只有做好风电产业技术与资金的有效结合工作,才能实现整个产业链的协调发展。因此,风电产业的发展必然使其线性结构特征更加突出,风电产业链整合一定要按照特定技术要求、沿着风电技术发展链条向前推进。为了解决投资与技术不匹配、各环节之间信息不对称等方面的矛盾,遵循风电产业链上下游关系进行相关技术的延伸是产业顺利发展的客观要求。现实中,国内外风电产业的前向或后向延伸的众多事例正是这一行业技术特征和要求的现实反映,而垂直一体化和垂直控制就是促进风电技术前后向延伸的最有效的组织保证。

9.2 我国风电产业链的有效整合

9.2.1 风电产业链整合的趋势与路径

纵观世界,虽然风电产业链的发展历程并不长,但产业链的整合发展趋势却非常明显。2007 年,全球风电市场的集中度相当高，在当年生产的全部风电机组中，79.3%的风电机组和86.5%的1.5 MW以上的风电机组是由5家最大的风电机组整机制造商(Vestas、GE Wind、Gamesa、Enercon、Sonstige)所提供的(见图9-4)。

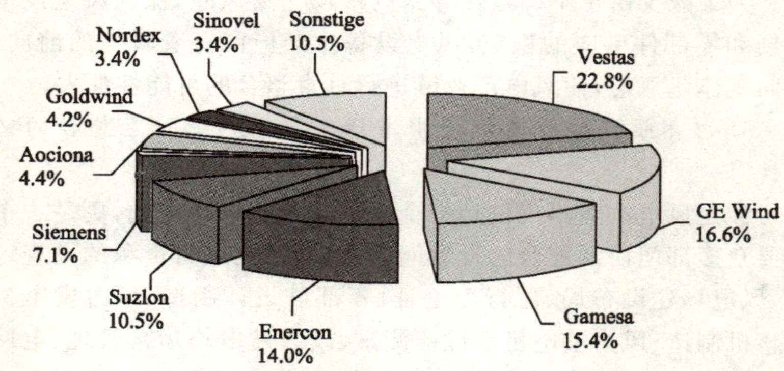

图 9-4　2007 年世界风电机市场份额

数据来源：风能@中国网，http://www.windpower-china.cn/node/141。

从世界最著名的几个风电设备生产厂商的发展历程看，基本上都有收购合并其他风电公司或相关产业的整合历史。

目前世界上最大的风机制造商丹麦 Vestas 公司，从 1978 年研制风力发电机涉足风电产业以后，1986 年就因风电项目专项税收优惠到期的冲击而被迫宣告破产。在大部分集团资产被出售之后，同年年底在留下的部分资产和研发骨干队伍的基础上，重新组建了专注于风能开发的维斯塔斯风力系统集团公司。1989 年，在政府对企业合并激励政策的支持下，Vestas 公司选择了与丹麦风能技术公司(DWT)协作(后来被维斯塔斯风力系统集团公司收购)，成立维斯塔斯销售公司。此次整合增强了维斯塔斯的生产能力和技术实力。2003 年底，Vestas 公司又与世界上另一家风力系统的领先制造商 NEG Micon(丹麦第二大风机制造商)合并，在风力工业中建立了毫无争议的世界领导地位，当年的市场占有率就提高到23%。

GE Wind 作为 GE 动力系统集团的一个业务部门,如今已成为是世界第2位的风机设备供应商。GE 能源在2002年5月将安然的风能部门收购,在短短2年时间内,GE 利用本身的优势对风机技术及风能业务战略管理进行整合和提升。2003年,GE 风能风机装机供应量在全球已经跃居第2位。GE 风能设计和制造额定输出功率为900~3 600千瓦的风机,并为风场项目开发、运行及维护提供支援服务。

其他世界风电领域中的并购事例还有很多,如印度 Suzlon 公司并购德国 Repower 公司、芬兰 WINWIND 公司并购案、德国 MULTI-BIRD 公司并购案、奥地利 WINTEC 公司并购案等。

我国风电市场的发展情况也不例外,集中度也在不断提高。在风力发电场建设中,2009年全年新增装机容量达到13 749兆瓦,其中国电、大唐、华能、华电和中广核五大电力集团就占到了54%。在风电整机制造业中,2007年新增市场份额排名前5位的制造商(3家内资,2家外资)就占到80.53%。2008年,国内3家最大的风电制造厂商(金风、华锐、东汽)合计占到新增市场份额的57.43%,在内资厂商中占76.22%。2009年,华锐超过金风跃居第一,三巨头在新增装机容量中占59.7%,在累计装机容量中占55.5%。

虽然国内风电厂商的扩张还没有出现像 Vestas,GE Wind 那样的“强强联合”的产业链水平整合案例,但已出现了不少沿着产业链方向的垂直整合的情况。典型的案例如金风科技对收购德国 VENSYS 能源有限公司。VENSYS 公司是金风科技开发兆瓦级以上机组技术的技术合作方,2005年金风科技与 VENSYS 公司联合开发了1.5MW 机组技术,2006年金风科技又与 VENSYS 公司签订2.5 MW联合设计合同。在成功收购之后,金风科技可以完全掌握具有自主知识产权的风力发电机组技术和世界领先的设计能力,从而加快了2.5MW 及更大容量的风电机组的研发速度，在推动风电技术发展、满足市场需求的同时，拉大了与其他国内公司领先优势。

华仪电气和华能新能源产业控股有限公司的战略合作，则可以看成是我国风电产业链垂直有效整合的另一条发展路径。其合作形式是风电设备企业凭借自己的技术优势向下游延伸，涉足风电资源开发领域，抢占风电场资源，然后用自己的风电设备建设风电场，待公司将风电场开发建成后再向购买方整体转让。其中的利益关系是：作为风电设备制造企业的风机企业看中的是电力企业的购买能力，而作为电力企业所需要的则是风机企业手中的风电场资源，双方彼此靠近则各取所需。国内风电龙头——金风科技也同样采用了类似的垂直整合模式。

总结国内外风电产业链整合的事例不难发现，风电产业链的整合路径可能是这样的：在风电产业高速发展时期，当市场容量巨大，规模经济还没有完全发挥出来之前，产业链整合的方式更偏重于前向或后向的垂直整合；而在风电产业发展到一定水平，潜在市场容量不断缩小，规模经济效应基本释放之后，产业链整合的方式则更加偏重于横向合并或联合的水平整合。

9.2.2 我国风电产业链有效整合的制度创新

从前面的分析中已经得出这样的结论：风电产业链的培育关键在于风电设备制造业的培育，风电产业的发展水平不是体现在装机容量上，而是主要体现在风电设备制造业的发展水平和竞争能力上，风电设备制造业的发展水平才是一个国家风电产业发展水平的代表。

由于风电产业的特殊性，其发展既离不开市场机制的激励，也离不开政府部门的扶持。因此，要推动风电产业特别是风电设备制造业的发展，就要充分发挥市场和政府两个方面的作用，从企业和政府两个方面分析产业链整合的有效途径，通过制度创新强化风电产业链的培育、成长和发展动力。

1. 在整合中加强风电企业内部的制度创新

从目前我国风电企业的发展角度看，随着风电装机需求的高速增长，越来越吸引更多的企业进入风电领域，市场竞争的程度将不断提高。此时，风电厂商一方面迫切需要迅速扩张生产规模，以获得规模经济的竞争优势，拓展长期生存和发展空间，另一方面又必须有效应对市场风险不断加剧的现实问题。这些风险有可能来自风电产业链内部，例如在我国目前风电技术还受制于人的情况下，因缺乏自主知识产权，国际风电设备设计生产技术的保护可能会极大地削弱国内风电厂商的盈利能力，严重制约本土化风电厂商长期发展。同时，随着风电机组产能的扩大，风电企业也会面临越来越严重的来自产业链上下游的抑制问题，如上游关键零部件供应抑制问题，以及下游风电场在低电价竞争策略下转嫁风险的压力。因此，为了实现风电企业持续增长的发展目标，实行风电产业链前后向的垂直一体化，有效整合制约企业发展的关键环节就是明智和有效的选择。

垂直一体化整合风电产业链可以达到整合风电资源、提高资源配置效率的目的，但也对企业的生产经营能力提出了挑战。垂直一体化整合能否达到预期的效果，关键在于能否实现价值链的重构与整合。因此，企业要加强整合后的制度创新，积极应对垂直一体化可能带来的问题。

首先是企业文化的协调和融通问题。上下游企业可能有不同的企业文化，各自的员工在不同的企业文化下如何能够做好对接是企业在纵向一体化时不得不考虑的问题。这一点如果不处理好，可能会使价值链内部的员工无法顺畅地沟通，长期来看将会制约企业的进一步发展。

其次是企业核心竞争能力的确定问题。企业在垂直一体化的产业链整合中，可能会在选择自己的核心产业、确定核心竞争能力过程中迷失方向。盲目的垂直一体化或许不但不能享受到价值链整合带来的优势，甚至还会牺牲真正的核心产业的发展机会，丧失核心竞争能力而成为其他企业横向兼并的目标。

最后就是解决企业规模过大带来的经营风险问题。企业通过垂直一体化来实现价值链的整合，将会给企业的经营管理制度形成严峻的考验。面对规模日益扩大的经营局面，如何协调好价值链各部分的关系，以及如何在各部分价值链间进行收益分配是经营者必须解决的难题。

2. 从政府管理制度上强化规制创新

从整个社会福利水平提高的角度看，任何形式的产业链整合都是优劣互生、利弊共存的，因此，产业链的水平及垂直一体化始终是政府经济规制的重点。但政府部门如何规制还将取决于社会经济发展目标、产业发展的阶段与潜力。从目前我国的具体情况来看，做大做强风电产业是我国实施新能源战略的一个重要环节。因此，在风电产业链成长发展过程中，关注并积极推进风电产业链的整合，创新产业经济规制制度，自然就成为政府产业规制的一个重要内容。

首先，要正确认识风电产业链整合的发展方向，积极推进产业链整合。在目前我国风电产业发展的市场潜力巨大，规模经济根本没有得到充分发挥的情况下，我国风电产业产业链整合的方式更可能是上下游之间进行的垂直整合。基于这样的认识，政府规制就应该从制度构建和政策设计上为促进风电产业链整合积极创造条件。

其次，要创新风电产业服务体系，降低产业链一体化的交易成本。纵向一体化是产业链垂直整合的重要途径之一，而产权交易是实现一体化的核心。因此，在风电产业的发展中规范产权交易制度，积极探索新的产权交易形式，同时给予必要的配套服务，降低产业链一体化的交易成本，应该成为促进风电产业链垂直整合的一个重要方面。

第三，针对风电产业的发展特点，有效进行产业进入和退出规制。风电产业的资产专用性强，规模经济性十分明显，并不适合过小规模企业的生存和发展。因此，目前大量中小资本一窝蜂地进入风电领域的情况，反映了风电投资上存在着一定的盲目性，实际上风电产业存在着不小的投资风险，政府应当及时有效地加以规制。

第四，在金融和财税政策上对风电产业的垂直整合提供必要的支持。在风电成本的构成中，贷款利率水平的敏感程度最强。如果能够摆脱商业银行融资的单一结构，从多方面开拓风电产业投融资渠道，如财政投资、资本市场融资、政策银行和债券融资等多渠道，这将对促进风电产业整合、提升市场竞争能力具有重要的作用。同时，研究制定风电产业链有效整合的财税促进政策也是十分重要的政府规制手段。

第五，鼓励风电设备制造企业以实现自主创新为目标，积极开展对内对外重组兼并。自主创新能力不足是制约我国风电产业做大做强的根本性因素，可以积极利用国际金融危机影响下国际经济发展减速的新形势，鼓励并引导国内风电企业有目的地进行多形式的国际合作，在条件成熟时有选择地兼并一些有技术开发价值的风电相关企业。

附录1　世界主要风电大国装机容量排名

国家	2005年底总装机容量/MW	2005年排名	2006年底总装机容量/MW	2006年排名	2007年底总装机容量/MW	2007年排名	2008年底总装机容量/MW	2008年排名
德　国	18 428	1	20 622	1	22 247	1	23 903	2
西班牙	10 028	2	11 615	2	15 145	3	16 754	3
美　国	9 149	3	11 603	3	16 824	2	25 170	1
印　度	4 430	4	6 270	4	7 845	4	9 645	5
丹　麦	3 128	5	3 136	5	3 125	6	3 180	9
意大利	1 718	6	2 123	7	2 726	7	3 736	6
英　国	1 353	7	1 963	8	2 406	9	3 241	8
中　国	1 260	8	2 405	6	5 910	5	12 210	4
荷　兰	1 224	9	1 560	11	1 747	12	2 225	12
日　本	1 040	10	1 394	13	1 528	13	1 880	13
葡萄牙	1 022	11	1 650	9	2 150	10	2 862	10
奥地利	819	12	965	14	982	14	995	17
法　国	754	13	1 567	10	2 454	8	3 404	7
加拿大	683	14	1 451	12	1 846	11	2 369	11
澳大利亚	579	15	817	15	824	16	1 306	14
希　腊	573	16	756	16	871	15	985	18
瑞　典	510	17	564	18	788	18	1 021	15
爱尔兰	496	18	643	17	795	17	1 002	16
挪　威	270	19	325	19	326	19	428	19
其　他	1 540		2 475		3 284		4 475	
合　计	59 004		73 904		93 823		120 791	

附录 2　世界主要风电大国历年装机情况

单位:MW

年份	中国		德国		西班牙		美国		印度		全球	
	新建	累计	新建	累计	新建	累计	新建	累计	新建	累计	新建	累计
1990		4.1										
1991	0.8	4.9	42	110								
1992	9.6	14.5	74	183								
1993	2.6	17.1	155	334								
1994	9.2	26.3	309	643								
1995	11.3	37.6	505	1 137							1 290	4 800
1996	19	56.6	428	1 546							1 280	6 100
1997	89.05	145.65	534	2 082		512		1 611		940	1 530	7 600
1998	78.6	224.25	793	2 875	368	880	531	2 142	52	992	2 520	10 200

续表

年份	中国		德国		西班牙		美国		印度		全球	
	新建	累计	新建	累计	新建	累计	新建	累计	新建	累计	新建	累计
1999	42.75	268.25	1 568	4 445	932	1 812	303	2 445	43	1 035	3 440	13 600
2000	83.89	346.24	1 665	6 095	1 024	2 836	165	2 610	185	1 220	3 760	17 400
2001	56.01	402	2 659	8 754	714	3 550	1 635	4 245	276	1 496	6 500	23 900
2002	66.91	468.42	3 247	12 001	1 493	5 043	389	4 634	206	1 702	7 270	31 100
2003	98.3	567.02	2 645	14 609	1 159	6 202	1 736	6 370	408	2 110	8 133	39 431
2004	197.35	764.37	2 037	16 629	2 061	8 263	370	6 740	875	2 987	8 207	4 7620
2005	503.1	1 265.91	1 808	18 428	1 744	10 028	2 431	9 149	1 430	4 430	11 531	59 091
2006	1 337.2	2 598.81	2 233	20 622	1 587	1 1615	2 454	11 603	1 840	6 270	15 197	74 133
2007	3 303.7	5 906.36	1 667	22 247	3 530	15 145	5 221	16 824	1 575	7 845	20 073	93 823
2008	7 190	12 152.8	1 665	23 903	1 670	16 754	8 346	25 170	1 800	9 645	27 261	121 188

附录 3　2000—2009 年中国风电装机容量

单位:MW

省(区、市)	2000 年	2001 年	2002 年	2003 年	2004 年	2005 年	2006 年	2007 年	2008 年	2009 年
内蒙古	58.11	71.82	76.34	88.34	135.14	165.74	508.89	1 563.19	3 650.99	9 196.16
河　北	9.85	13.45	13.45	13.45	35.05	108.25	325.75	491.45	1 107.7	2 788.1
辽　宁	46.01	62.01	102.46	126.46	126.46	127.46	232.26	515.31	1 224.26	2 425.31
吉　林	30.06	30.06	30.06	30.06	30.06	109.36	252.71	612.26	1 066.46	2 063.86
黑龙江	0	0	0	3.6	36.3	57.35	165.75	408.25	836.3	1 659.75
山　东	5.68	5.68	5.68	25.17	33.57	83.85	144.6	350.2	562.25	1 219.1
甘　肃	1.2	8.4	16.2	21.6	52.2	52.2	127.75	338.3	639.95	1 187.95
江　苏	0	0	0	0	0	0	108	293.75	645.25	1 096.75
新　疆	72.95	88.45	89.65	103.45	113.05	181.41	206.61	299.31	576.81	1 002.56
宁　夏	0	0	0	10.2	55.25	112.95	159.45	355.2	393.2	682.2
广　东	70.13	69.98	79.79	86.39	86.39	140.54	211.4	287.39	366.89	569.34
福　建	13.06	13.06	12.8	12.8	12.8	58.75	88.75	237.75	283.75	567.25

续表

省(区、市)	2000	2001	2002	2003	2004	2005	2006	2007	2008	2009
山　西	0	0	0	0	0	0	0	5	127.5	320.5
浙　江	30.36	30.36	33.35	33.35	34.45	34.15	33.25	47.35	190.63	234.17
海　南	8.76	8.76	8.76	8.76	8.76	8.76	8.76	8.76	58.2	196.2
北　京	0	0	0	0	0	0	0	49.5	64.5	152.5
上　海	0	0	0	3.4	4.9	24.4	24.4	24.4	39.4	141.9
云　南	0	0	0	0	0	0	0	0	78.75	120.75
江　西	0	0	0	0	0	0	0	0	42	84
河　南	0	0	0	0	0	0	0	3	48.75	48.75
湖　北	0	0	0	0	0	0	0	13.6	13.6	26.35
重　庆	0	0	0	0	0	0	0	0	0	13.6
湖　南	0	0	0	0	0	0	0	1.65	1.65	4.95
广　西	0	0	0	0	0	0	0	0	0	2.5
香　港	0	0	0	0	0.8	0.8	0.8	0.8	0.8	0.8
小　计	346.24	402.03	468.54	567.03	765.18	1 265.97	2 599.13	5 906.42	12 019.59	25 805.3
台　湾	2.64	5.04			10.75	101.95	185.95	277.55	358.15	436.05
总　计					775.93	1 367.92	2 785.08	6 183.97	12 377.74	26 241.35

注:根据施鹏飞先生历年中国风电装机容量统计整理。

附录 4　2002—2009 年中国风电设备市场新增份额

单位：%

制造商	2002 年	2003 年	2004 年	2005 年	2006 年	2007 年	2008 年	2009 年
金　风	20.6	26	20	26.4	33.29	25.12	18.12	19.7
华　锐					1.46	20.57	22.45	25.3
东　汽				1.2	5.61	6.72	16.86	14.7
Vestas	14.8	27	2	14.6	23.55	11.16	9.6	4.4
Gamesa		14	36	35.7	15.89	16.96	8.14	2
GE			8	8.6	12.68	6.45	2.33	2.3
明　阳						0.05	2.79	5.4
联合动力								5.6
Suzlon					0.93	6.24	2.06	2.1
运　达	4.9	2	1	1.4	0.67	1.98	3.73	1.9
湘　电						0.24	1.92	3.3
上海电气						0.68	2.86	2
Nordex	22.4	18		1.8	2.04	1.68	2.31	0.8
航天安迅能				3.7	1.54	2.4		
Repower								1.4
北　重							0.96	1
华　创						0.09		1.2
NEG Micon	15.7	8	29					

续表

制造商	2002年	2003年	2004年	2005年	2006年	2007年	2008年	2009年
远　景							0.22	1
新　誉						0.27	1.18	
华　仪								0.9
南车时代						0.05		0.9
西安维德	16.1	4	5					
一拖美德	1							
万　电		2					2.08②	
申　新						0.34①		4③
杭　发				0.4				
沈工大				0.2				
哈　飞				0.2	0.09			
其　他	4.5			9.5	0.07			
总　计	100	101	101	100	99.98	100.14	100.01	99.90

注：根据施鹏飞先生历年中国风电装机容量统计整理。
①，③为“西安维德”及其以下单位数据之和；
②为“华仪”及其以下单位数据之和。

附录 5　2002—2009 年中国风电设备市场累计份额

单位:%

制造商	2002 年	2003 年	2004 年	2005 年	2006 年	2007 年	2008 年	2009 年
金　风	5.25	8.8	11.7	17.5	25.68	25.35	21.63	20.7
华　锐					2.89	12.77	17.75	21.9
东　汽				0.5	0.58	4.01	10.61	12.9
Vestas	14.71	16.9	13.1	13.7	18.73	14.48	11.97	7.8
Gamesa		3.7	12.1	21.5	18.63	17.68	12.77	7.1
GE			2.2	8.6	10.74	8.33	5.25	3.7
明　阳						0.03	3.34	3.5
联合动力								3.1
Suzlon					0.48	3.7	2.86	2.3
运　达	0.89	1.1	0.9	1.1	1.22	1.64	2.72	2.3
湘　电						0.14	1.05	2.3
上海电气						0.38	2.69	1.8
Nordex	15.21	15.6	11.6		4.82	3.13	2.71	1.8
航天安迅能					1.9	1.7	2.06	1
Repower								0.8
北　重							0.8	0.8
华　创						0.05		0.8
NEG Micon	34.77	30.1	29.7	12	5.85	2.57		0.6

续表

制造商	2002年	2003年	2004年	2005年	2006年	2007年	2008年	2009年
远　景								0.6
新　誉						0.15	1.1	0.5
华　仪								0.5
南车时代						0.03		0.5
西安维德	3.71	3.7	3.8	2.3	1.13	0.5	0.69①	2.7②
一拖美德	1.13	0.9	0.7	0.4	0.2	0.09		
万　电	0.13	0.4	0.3	0.2	0.09	0.04		
申　新	0.26	0.2	0.9	0.1	0.05	0.02		
杭　发				0.1	0.05	0.02		
沈工大				0.1	0.04	0.02		
哈　飞				0.1	0.04	0.02		
其　他	23.94	18.6	13	21.8	6.88	3.15		
总　计	100	100	100	100	100	100	100	100

注:根据施鹏飞先生历年中国风电装机容量统计整理。

①,②为“西安维德”及其以下单位数据之和。

附录 6　中国风电场分布及装机情况一览

单位：%

No.	位置	时间	制造商	单机高度-功率 /m-kW	台数 /台	装机容量 /kW	场台数 /台	场装机 /kW	省台数 /台	省装机 /kW
		河北省 Hebei Province							343	325 750
1	张北	茴莱梁 Zhangbei Huicailiang					24	9 850		
		1996. 02.	Nordtank	31—300	2	600				
		1997. 03.	Tacke	33—300	11	3 300				
		1997. 03.	AWT-275	27—275	2	550				
		1997. 11.	Nordex	43—600	1	600				
		1998. 12.	Vestas	44—600	8	4 800				
2	围场	红松洼 Weichang Hongsongwa					158	106 200		
		2001. 11.	金风 Goldwind	43—600	6	3 600				
		2004. 12.	金风 Goldwind	43—600	34	20 400				
		2005. 10.	金风 Goldwind	43—600	42	25 200				

续表

No.	位置	时间	制造商	单机高度-功率 /m-kW	台数 /台	装机容量 /kW	场台数 /台	场装机 /kW	省台数 /台	省装机 /kW
		2005. 11.	金风 Goldwind	48—750	6	4 500				
		2006. 11.	金风 Goldwind	48—750	70	52 500				
3	丰宁	鱼儿山 Fengning Yuershan					2	1 200		
		2004. 09.	金风 Goldwind	43—600	2	1 200				
4	尚义	大满井 Shangyi Damanjing(国华 Guohua)					56	84 000		
		2005. 07.	GE Wind	70—1 500	23	34 500				
		2006. 09.	GE(Shenyang)	70—1 500	33	49 500				
5	张北	白不洛 Zhangbei Baibuluo(中节能 Zhongjieneng)					63	94 500		
		2005. 12.	GE Wind	70—1 500	6	9 000				
		2006. 05.	GE (Shenyang)	70—1 500	24	36 000				
		2006. 12.	航天安迅能 CASC-Acciona	77—1 500	33	49 500				
6	康保	卧龙兔山 Kangbao Wolongtushan					40	30 000		
		2006. 10.	金风 Goldwind	50—750	40	30 000				
			内蒙古自治区 Inner Mongolia Autonomous Region						668	50 8890
7	苏尼特右旗	朱日和 Sonid Youqi Zhurihe					37	14 400		
		1989. 12.	USW	18—100	5	500				

续表

No.	位置	时间	制造商	单机高度-功率 /m-kW	台数 /台	装机容量 /kW	场台数 /台	场装机 /kW	省台数 /台	省装机 /kW
		1993.09.	HSM-250T	28—250	4	1 000				
		1994.12.	Bonus-HEEW	19—120	10	1 200				
		1994.11.	Nordtank	31—300	3	900				
		2000.11.	MADE	32—330	10	3 300				
		2006.12.	华锐 Sinovel	70—1 500	5	7 500				
8	商都	大山湾 Shangdu Dashanwan					12	3 600		
		1994.12.	Nordtank	31—300	12	3 600				
9	锡林浩特	宝力根山 Xilinhot Baoligenshan					13	4 780		
		1995.12.	HSM-250T	28—250	4	1 000				
		2000.11.	MADE	32—330	6	1 980				
		2003.04.	万电 Wandian	46—600	3	1 800				
10	察哈尔右翼中旗	辉腾锡勒 Qahar Youyi Zhongqi Huitengxile					94	68 500		
		1996.10.	Micon	43—600	9	5 400				
		1997.10.	Micon	43—600	33	19 800				
		1999.12.	Zond	40—550	10	5 500				
		1998.12.	Vestas	44—600	9	5 400				
		1999.04.	NEG Micon(UK)	48—600	1	600				

续表

No.	位置	时间	制造商	单机高度-功率 /m-kW	台数 /台	装机容量 /kW	场台数 /台	场装机 /kW	省台数 /台	省装机 /kW
		2000.01.	万电 Wandian	46—600	1	600				
		2002.01.	Nordex	43—600	9	5 400				
		2004.05.	NEG Micon	52—900	12	10 800				
		2004.11.	GE Wind	70—1 500	10	15 000				
11	察右中旗	大东沟 Qahar Youyi Zhongqi Dadonggou(华电)					13	19 500		
		2006.12.	华锐 Sinovel	70—1 500	13	19 500				
12	察右中旗	大阳卜子 Qahar Youyi Zhongqi Dayangpuzi(北国电)					79	59 250		
		2006.12.	金风 Goldwind	48—750	79	59 250				
13	克什克腾旗	达里 Hexigtenqi Dali					73	51 360		
		1999.04.	Nordex	43—600	2	1 200				
		1999.12.	NEG Micon	48—750	7	5 250				
		2001.12.	一拖美德 Yituo-MADE	46—660	6	3 960				
		2001.12.	NEG Micon	48—750	13	9 750				
		2003.12.	金风 Goldwind	43—600	17	10 200				
		2004.04.	NEG Micon	48—750	28	21 000				
14	克什克腾旗	赛罕坝 Hexigtenqi Saihanba					142	120 700		
		2005.10.	Vestas	52—850	36	30 600				

续表

No.	位置	时间	制造商	单机高度-功率 /m-kW	台数 /台	装机容量 /kW	场台数 /台	场装机 /kW	省台数 /台	省装机 /kW
		2006.12.	Vestas	52—850	106	90 100				
15	松山区 东山乡 Songshan Qu Dongshan						58	49 300		
		2006.12.	Vestas	52—850	58	49 300				
16	翁牛特旗 孙家营 Ongniud Qi Sunjiaying						134	100 500		
		2006.10.	金风 Goldwind	48—750	134	100 500				
17	新巴尔虎右旗 阿拉坦额莫勒 Xin Barag Youqi Alatanemole						3	4 500		
		2006.11.	东汽 Dongqi	70—1 500	3	4 500				
18	卓资 巴音锡勒 Zhuozi Bayinxile						10	12 500		
		2006.12.	Suzlon	64—1250	10	12 500				
	辽宁省 Liaoning Province								354	237 260
19	瓦房店 东岗 Wafangdian Donggang						38	22 450		
		1994.11.	Nordtank	31—300	5	1 500				
		1996.11.	Nordtank	31—550	9	4 950				
		1998.05.	Zond	40—550	10	5 500				
		2002.04.	NEG Micon	48—750	14	10 500				
20	瓦房店 长兴岛 Wafangdian Changxingdao(横山 Hengshan)						44	12 400		
		1993.07.	HSM	28—250	4	1 000				

续表

No.	位置	时间	制造商	单机高度-功率 /m-kW	台数 /台	装机容量 /kW	场台数 /台	场装机 /kW	省台数 /台	省装机 /kW
		1996.08.	Micon	28—250	16	4 000				
		1993.07.	HSM	28—250	4	1 000				
		1996.08.	Micon	28—250	16	4 000				
		2002.05.	金风 Goldwind	43—600	4	2 400				
21	凌海	余积 Linghai Jiyu(锦州 Jinzhou)					5	3 750		
		1999.03.	NEG Micon	48—750	1	750				
		2001.02.	NEG Micon	48—750	4	3 000				
22	鲅鱼圈	区九垅地 Bayuquan Qu Jiulongdi(仙人岛 Xianrendao)					49	33 660		
		1999.07.	MADE	46—660	9	5 940				
		2000.09.	西安维德 Xi'an-Nordex	43—600	1	600				
		2000.10.	一拖美德 Yituo-MADE	46—660	1	660				
		2001.05.	Nordex	62—1 300	4	5 200				
		2001.05.	Nordex	43—600	1	600				
		2001.10.	西安维德 Xi'an-Nordex	43—600	10	6 000				
		2001.12.	申新 Shenxin	43—600	2	1 200				
		2002.02.	西安维德 Xi'an-Nordex	43—600	1	600				

续表

No.	位置	时间	制造商	单机高度-功率 /m-kW	台数 /台	装机容量 /kW	场台数 /台	场装机 /kW	省台数 /台	省装机 /kW
		2002.05.	一拖美德 Yituo-MADE	46—660	1	660				
		2002.12.	西安维德 Xi'an-Nordex	43—600	17	10 200				
		2005.07.	沈工大 SUT	60—1 000	1	1 000				
		2006.06.	惠德 Huide	55—1 000	1	1 000				
23	东港	菩萨庙 Donggang Pusamiao(海洋红 Haiyanghong)					28	21 000		
		2000.03.	NEG Micon	48—750	28	21 000				
24	长海	獐子岛 Changhai Zhangzidao					12	3 000		
		2002.07.	运达 Windey	25—250	12	3 000				
25	长海	小长山 Changhai Xiaochangshan					6	3 600		
		2002.12.	金风 Goldwind	43—600	6	3 600				
26	法库	四家子 Faku Sijiazi					12	9 600		
		2002.08.	Nordex	50—800	12	9 600				
27	康平沙金台 Kangping Shajintai						29	24 650		
		2003.06.	Vestas	52—850	12	10 200				
		2006.02.	Gamesa	52—850	17	14 450				
28	彰武	后新秋 Zhangwu Houxinqiu					29	24 650		
		2003.10.	Vestas	52—850	12	10 200				

续表

No.	位置	时间	制造商	单机高度-功率 /m-kW	台数 /台	装机容量 /kW	场台数 /台	场装机 /kW	省台数 /台	省装机 /kW
		2006. 02.	Gamesa	52—850	17	14 450				
29	长海	大长山 Changhai Dachangshan					6	3 600		
		2003. 12.	金风 Goldwind	43—600	6	3 600				
30	昌图	东张家 Changtu Dongzhangjia					67	50 250		
		2006. 12.	金风 Goldwind	50—750	67	50 250				
31	桓仁	普乐堡 Hengren Pulepu					29	24 650		
		2006. 12.	Gamesa	58—850	29	24 650				
		吉林省 Jilin Province							303	252 710
32	通榆	更生 Tongyu Gengsheng					49	30 060		
		1999. 08.	MADE	46—660	11	7 260				
		2000. 12.	Nordex	? —600	38	22 800				
33	通榆	东新荣 Tongyu Dongxinrong(同发—龙源、华能)					38	41 400		
		2006. 12.	Gamesa	58—850	24	20 400				
		2006. 12.	华锐 Sinovel	77—1 500	14	21 000				
34	白城	青山 Baicheng Qingshan(富裕 Fuyu)					20	15 000		
		2005. 12.	金风 Goldwind	43—750	6	4 500				
		2006. 01.	金风 Goldwind	50—750	14	10 500				

续表

No.	位置	时间	制造商	单机高度-功率 /m-kW	台数 /台	装机容量 /kW	场台数 /台	场装机 /kW	省台数 /台	省装机 /kW
35	白城	青山 Baicheng Qingshan(华能 Huaneng)					58	49 300		
		2005.12.	Gamesa	58—850	58	49 300				
36	白城	查干浩特 Baicheng Chaganhaote					10	7 500		
		2006.12.	金风 Goldwind	50—750	10	7 500				
37	洮南	大通 Taonan Datong					58	49 300		
		2005.12.	Gamesa	58—850	19	16 150				
		2006.12.	Gamesa	58—850	39	33 150				
38	双辽	堡石图 Shuangliao Baoshitu					58	49 300		
		2006.11.	Gamesa	58—850	58	49 300				
39	长岭	52 村 Changling 52 Cun					11	9 350		
		2005.12.	Gamesa	58—850	11	9 350				
40	长岭	新安 Changling Xin’an					1	1 500		
		2006.12.	华锐 Sinovel	77—1 500	1	1 500				
			黑龙江省 Heilongjiang Province				186	165 750		
41	木兰	蒙古山 Mulan Menggushan					20	12 000		
		2003.12.	Xi’an Nordex	43—600	6	3 600				
		2004.07.	Xi’an Nordex	43—600	14	8 400				

续表

No.	位置	时间	制造商	单机高度-功率 /m-kW	台数 /台	装机容量 /kW	场台数 /台	场装机 /kW	省台数 /台	省装机 /kW
42	富锦	别拉音山 Fujin Bielayinshan					27	24 300		
		2004.09.	NEG Micon	52—900	27	24 300				
43	穆棱	十文字 Muling Shiwenzi					25	32 200		
		2005.12.	Nordex	62—1 300	3	3 900				
		2005.12.	哈飞 Hafei(半直驱)	60—1 000	1	1 000				
		2006.10.	Nordex	62—1 300	21	27 300				
44	伊春	大箐山 Yichun Daqingshan					19	16 150		
		2005.12.	Vestas	52—850	19	16 150				
45	伊春	石帽顶子 Yichun Shimaodingzi					36	30 600		
		2006.11.	Gamesa	58—850	36	30 600				
46	牡丹江	代马沟 Mudanjiang Daimagou					59	50 500		
		2006.12	Vestas	52—850	58	49 300				
		2006.10.	哈电 HE(直驱)	57—1 200	1	1 200				
			上海市 Shanghai Municipality						18	24 400
47	奉贤海湾 Fengxian Haiwan						4	3 400		
		2003.10.	Gamesa	52—850	4	3 400				
48	南汇滨海森林公园 Nanhui Binhai Forest Park						11	16 500		

续表

No.	位置	时间	制造商	单机高度-功率 /m-kW	台数 /台	装机容量 /kW	场台数 /台	场装机 /kW	省台数 /台	省装机 /kW
		2004.12.	GE Wind	70—1 500	1	1 500				
		2005.05.	GE Wind	70—1 500	10	15 000				
49	崇明	东旺沙 Chongming Dongwangsha					3	4 500		
		2005.06.	GE Wind	70—1 500	3	4 500				
		江苏省 Jiangsu Province							68	108 000
50	如东	东凌 Rudong Dongling					17	25 500		
		2006.12.	GE(Shenyang)	77—1 500	17	25 500				
51	如东	环港 Rudong Huangang					39	58 500		
		2006.12.	GE(Shenyang)	77—1 500	39	58 500				
52	如东	洋口 Rudong Yangkou					12	24 000		
		2006.12.	Vestas	80—2 000	12	24 000				
		浙江省 Zhejiang Province							57	33 250
53	苍南	鹤顶山 Cangnan Hedingshan					22	11 950		
		1995.12.	Nordtank	41—500	2	1 000				
		1998.09.	Vestas	42—600	13	7 800				
		2002.11.	Dewind	46—600	4	2 400				
		2002.12.	运达 Windey	25—250	1	250				

续表

No.	位置	时间	制造商	单机高度-功率 /m-kW	台数 /台	装机容量 /kW	场台数 /台	场装机 /kW	省台数 /台	省装机 /kW
		2004.07.	运达 Windey	25—250	2	500				
54	临海	括苍山 Linhai Kuocangshan					35	21 300		
		1997.12.	Micon	43—600	8	4 800				
		1998.06.	Micon	43—600	25	15 000				
		2006.05.	运达 Windey Windey	49—750	2	1 500				
			福建省 Fujian Province						90	88 750
55	平潭长江澳 Pingtan Changjiang'ao						10	6 000		
		2000.09.	Bazan-Bonus	44—600	10	6 000				
56	东山	澳仔山 Dongshan Aozaishan					10	6 000		
		2000.09.	Bazan-Bonus	44—600	10	6 000				
57	东山	乌礁湾 Dongshan Wujiaowan					15	30 000		
		2006.09.	Vestas	80—2 000	15	30 000				
58	南日岛	后山仔 Nanridao Houshanzai					19	16 150		
		2005.10.	Gamesa	52—850	19	16 150				
59	漳浦	六鳌 Zhangpu Liuao					36	30 600		
		2005.11.	Gamesa	52—850	36	30 600				
			山东省 Shandong Province						161	144 600

续表

No.	位置	时间	制造商	单机高度-功率 /m-kW	台数 /台	装机容量 /kW	场台数 /台	场装机 /kW	省台数 /台	省装机 /kW
60	长岛连城 Changdao Liancheng						53	40 250		
		1999.05.	Nordex	43—600	9	5 400				
		2003.10.	Nordex	43—600	2	1 200				
		2003.12.	运达 Windey	48—750	2	1 500				
		2004.08.	金风 Goldwind	43—600	7	4 200				
		2005.11.	运达 Windey	48—750	1	750				
		2005.12.	Gamesa	58—850	32	27 200				
61	长岛	小黑山 Changdao Xiaoheishan					8	6 000		
		2005.11.	运达 Windey	48—750	6	4 500				
		2006.07.	运达 Windey	49—750	2	1 500				
62	长岛	砣矶岛 Changdao Tuojidao					16	12 000		
		2006.07.	运达 Windey	49—750	16	12 000				
63	即墨	凤山 Jimo Fengshan					15	16 400		
		2000.06.	Nordex	29—300	1	300				
		2003.08.	Nordex	62—1 300	12	15 600				
		2003.08.	Nordex	29—250	2	500				
64	栖霞	唐山硼 Qixia Tangshanpeng					38	26 450		

续表

No.	位置	时间	制造商	单机高度-功率 /m-kW	台数 /台	装机容量 /kW	场台数 /台	场装机 /kW	省台数 /台	省装机 /kW
		2003.10.	运达 Windey	48—250	2	500				
		2004.09.	金风 Goldwind	43—600	7	4 200				
		2005.11.	金风 Goldwind	48—750	10	7 500				
		2006.09.	金风 Goldwind	48—750	19	14 250				
65	荣成	东褚岛 Rongcheng Dongchudao					10	15 000		
		2005.12.	东汽 DFSTW	70—1 500	4	6 000				
		2005.12.	Nordex	70—1 500	3	4 500				
		2006.01.	东汽 Dongqi	70—1 500	3	4 500				
66	荣成	港西镇 Rongcheng Gangxizhen					17	25 500		
		2006.12.	华锐 Sinovel	77—1 500	17	25 500				
67	海阳	跑马岭 Haiyang Paomaling					2	1 500		
		2006.07.	运达 Windey	49—750	2	1 500				
68	海阳	辛安 Haiyang Xinan					2	1 500		
		2006.07.	运达 Windey	49—750	2	1 500				
			广东省 Guangdong Province						377	211 140
69	南澳	大兰口 Nan'ao Dalankou					45	10 290		
		1991.06.	Nordtank	22—130	3	390				

续表

No.	位置	时间	制造商	单机高度-功率 /m-kW	台数 /台	装机容量 /kW	场台数 /台	场装机 /kW	省台数 /台	省装机 /kW
		1992.07.	Nordtank	22—150	6	900				
		1995.12.	Nordex(N27)	27—250	16	4 000				
		1996.12.	Nordex(N29)	29—250	13	3 250				
		1997.12.	FD24—200	24—200	2	400				
		1998.01.	FD28—300	28—300	2	600				
		1999.08.	运达 Windey	25—250	3	750				
70	南澳	牛头岭 Nan'ao Niutouling					83	46 000		
		1995.01.	Nordtank	24—200	15	3 000				
		1998.05.	NEG Micon	43—600	40	24 000				
		1998.08.	Zond	40—550	10	5 500				
		2000.08.	NEG Micon	48—750	18	13 500				
71	南澳	雄镇关 Nan'ao Xiongzhenguan					3	2 550		
		2006.12.	Vestas	52—850	3	2 550				
72	惠来	海湾石 Huilai Haiwanshi					22	13 200		
		1999.12.	Nordex	43—600	22	13 200				
73	汕尾	红海湾 Shanwei Honghaiwan					25	16 500		
		2002.10.	Vestas	47—660	15	9 900				

续表

No.	位置	时间	制造商	单机高度-功率 /m-kW	台数 /台	装机容量 /kW	场台数 /台	场装机 /kW	省台数 /台	省装机 /kW
		2003.05.	Vestas	47—660	10	6 600				
74	惠来	月山 Huilai Yueshan(石碑山 Shibeishan)					79	47 400		
		2005.12.	金风 Goldwind	43—600	30	18 000				
		2006.11.	金风 Goldwind	43—600	49	29 400				
75	惠来	坂美 Huilai Banmei(石碑山 Shibeishan)					88	52 800		
		2005.12.	金风 Goldwind	43—600	57	34 200				
		2006.12.	金风 Goldwind	43—600	31	18 600				
76	深圳	大梅沙 Shenzhen Dameisha					8	2 000		
		2005.11.	运达 Windey	48—250	8	2 000				
77	陆丰	洋美 Lufeng Yangmei					24	20 400		
		2006.08.	Vestas	52—850	24	20 400				
			海南省 Hainan Province						18	8 700
78	东方	四更 Dongfang Sigeng					18	8 700		
		1995.11.	HSM-Yituo	28—250	6	1 500				
		1997.04.	ANBonus	44—600	12	7 200				
			甘肃省 Gansu Province						163	127 750
79	玉门	三十里井子 Yumen 30 Lijingzi					104	77 700		

续表

No.	位置	时间	制造商	单机高度-功率 /m-kW	台数 /台	装机容量 /kW	场台数 /台	场装机 /kW	省台数 /台	省装机 /kW
		1997.06.	Nordtank	31—300	4	1 200				
		2001.03.	Gamesa	42—600	12	7 200				
		2002.12.	金风 Goldwind	43—600	13	7 800				
		2003.08.	金风 Goldwind	43—600	9	5 400				
		2004.09.	Gamesa	58—850	36	30 600				
		2006.10.	Gamesa	52—850	14	11 900				
		2006.12.	Gamesa	58—850	16	13 600				
80	玉门	低窝铺 Yumen Diwopu					58	49 300		
		2006.12	Vestas	52—850	58	49 300				
81	安西	北大桥 Anxi Beidaqiao					1	750		
		2006.12.	金风 Goldwind	50—750	1	750				
		宁夏回族自治区 Ningxia Hui Autonomous Region							195	159 450
82	青铜峡	邵岗 Qingtongxia Shaogang(贺兰 Helan)					132	112 200		
		2003.12.	Gamesa	52—850	12	10 200				
		2004.10.	Gamesa	58—850	48	40 800				
		2004.12.	Vestas	52—850	5	4 250				
		2005.04.	Vestas	52—850	31	26 350				

续表

No.	位置	时间	制造商	单机高度-功率 /m-kW	台数 /台	装机容量 /kW	场台数 /台	场装机 /kW	省台数 /台	省装机 /kW
		2005.11.	Gamesa	58—850	36	30 600				
83	青铜峡	盛家墩梁 Qingtongxia Shengjiadunliang(红碴子、小柳木)					31	23 250		
		2005.12.	金风 Goldwind	50—750	1	750				
		2006.02.	金风 Goldwind	50—750	13	9 750				
		2006.12.	金风 Goldwind	50—750	17	12 750				
84	红寺堡	墩梁 Hongsipu Dunliang					32	24 000		
		2006.12.	金风 Goldwind	50—750	32	24 000				
			新疆维吾尔自治区 Xinjiang Uygur Autonomous Region						329	206 610
85	达坂城三葛村庄 Dabancheng San'gecunzhuang						73	39 060		
		1989.10.	Bonus	24—150	13	1 950				
		1996.06.	Tacke	43—600	2	1 200				
		1996.08.	ANBonus	35—450	3	1 350				
		1996.12.	Jacobs	37—500	3	1 500				
		1998.12.	XWEC-Jacobs	43—600	5	3 000				
		1999.10.	XWEC-Jacobs	43—600	4	2 400				
		2000.05.	XWEC-Jacobs	43—600	1	600				
		2003.06.	金风 Goldwind	43—600	8	4 800				

续表

No.	位置	时间	制造商	单机高度-功率 /m-kW	台数 /台	装机容量 /kW	场台数 /台	场装机 /kW	省台数 /台	省装机 /kW
		2003.10.	金风 Goldwind	48—750	2	1 500				
		2004.12.	金风 Goldwind	43—600	16	9 600				
		2005.04.	金风 Goldwind(直驱)	62—1 200	1	1 200				
		2005.05.	金风 Goldwind	43—600	11	6 600				
		2005.08.	业主组装 ABO	46—660	1	660				
		2006.08.	金风 Goldwind	48—750	2	1 500				
		2006.08.	金风 Goldwind(直驱)	62—1 200	1	1 200				
86	达坂城	柴窝堡 Dabancheng Chaiwopu					157	82 800		
		1992.11.	Bonus	31—300	4	1 200				
		1992.12.	Nordtank	31—300	4	1 200				
		1993.12.	Bonus	39—500	4	2 000				
		1994.12.	Nordtank	31—300	19	5 700				
		1995.07.	Nordtank	31—300	2	600				
		1997.11.	Bonus	44—600	12	7 200				
		1997.12.	Vestas	44—600	66	39 600				
		1998.08.	FD31—300	31—300	1	300				
		1999.12.	Nedwind	46—500	4	2 000				

续表

No.	位置	时间	制造商	单机高度-功率 /m-kW	台数 /台	装机容量 /kW	场台数 /台	场装机 /kW	省台数 /台	省装机 /kW
		2001.12.	Nedwind	46—500	31	15 500				
		2003.03.	NEG Micon	48—750	10	7 500				
87	布尔津	托洪台 Buerjin Tuohongtai					7	1 050		
		1996.07.	ANBonus	23—150	7	1 050				
88	阿拉山口	乌兰达布森 Alataw Shankou Wulandabusen					2	1 200		
		2001.12.	XWEC-Jacobs	43—600	2	1 200				
89	乌鲁木齐县	托里(天风) Urumqi Tuoli(Tianfeng)					70	52 500		
		2005.12.	金风 Goldwind	48—750	40	30 000				
		2006.11.	金风 Goldwind	48—750	30	22 500				
90	乌鲁木齐县	托里(国投) Urumqi Tuoli(Guotou)					20	30 000		
		2005.12.	GE Wind	70—1 500	20	30 000				
			香港 HongKong						1	800
91	南丫岛 Lamma						1	800		
		2005.09.	Nordex	50—800	1	800				

注:根据施鹏飞先生 2006 年中国风电装机容量统计整理。

附录 7　全国风电设备总装企业基本情况(含合资、独资企业)

序号	企业名称及性质	机型	额定功率 叶轮直径	技术 来源	生产 状况	关键部件供应商
1	华锐风电科技有限公司(国有控股)	变桨变速	1 500 kW/ 70 m/77 m	技术许可证(德国弗兰德)	批量生产累计 300 台	叶片:中复、LM 齿轮箱:大重、南高齿 发电机:兰电、大连天元、永济 控制系统:Windtec(奥地利)
2	东方汽轮机有限公司(国有)	变桨变速	1 500 kW/ 70 m/77 m	技术许可证(德国 Repower)	批量生产累计 100 台	叶片:LM、惠腾、中复、东汽 齿轮箱:重齿、南高齿、德阳二重 发电机:兰电、永济、东风电机厂 控制系统:Mita(丹麦)
3	新疆金风科技股份有限公司(国有控股)	定桨定速	600 kW/ 43 m	技术许可证(德国 Jacobs)	批量生产累计 587 台	叶片:惠腾 齿轮箱:重齿 发电机:株洲、永济 控制系统:自制
		定桨定速	750(800) kW/48 m/ 50 m	技术许可证(德国 Repower)	批量生产累计 731 台	叶片:惠腾 齿轮箱:重齿 发电机:株洲、永济 控制系统:自制

续表

序号	企业名称及性质	机型	额定功率 叶轮直径	技术 来源	生产 状况	关键部件供应商
	新疆金风科技股份有限公司(国有控股)	变桨变速 (直驱)	1 500 kW/ 70 m/77 m	消化吸收(Vensys)1 200 kW技术,改进提高技术	已批量生产累计5台	叶片:LM、惠腾 发电机:株洲、南汽 控制系统:自制
4	浙江运达风力发电工程有限公司(国有)	定桨定速	750 kW/ 49 m	技术许可证(德国Repower)	批量生产累计约50台	叶片:惠腾 齿轮箱:重齿、南高齿 发电机:永济 控制系统:Mita(丹麦)
		变桨定速 (主动失速)	800 kW/ 54 m	引进技术消化吸收改进设计	正在试制样机	叶片:惠腾 齿轮箱:重齿、南高齿 发电机:永济 控制系统:Mita(丹麦)
		变桨变速	1 500 kW/ 70 m/77 m	自主设计(英国GH公司校核)	正在试制样机	叶片:惠腾、无锡瑞尔 齿轮箱:重齿、杭齿、南高齿 发电机:永济、兰电 控制系统:Mita(丹麦)
5	保定惠德风电工程有限公司(国有)	定桨定速	1 000 kW/ 55 m	技术许可证(德国弗兰德)	2台样机,1台运行1年,小批量生产	叶片:惠腾 齿轮箱:南高齿 发电机:永济、湘电 控制系统:Mita(丹麦)

续表

序号	企业名称及性质	机型	额定功率 叶轮直径	技术 来源	生产 状况	关键部件供应商
6	沈阳华创风能有限责任公司(民营/沈工大)	变桨变速	1 000 kW/55 m	自主研发	已有1台样机	叶片:上玻院 齿轮箱:重齿 发电机:兰电 控制系统:Mita(丹麦)
		变桨变速	1 500 kW/70 m/77 m	自主研发	2台样机运行,小批量生产	叶片:上玻院 齿轮箱:重齿 发电机:兰电 控制系统:Mita(丹麦)
7	江苏新誉风力发电设备有限公司(民营)(常牵)	变桨变速	1 500 kW/70.5 m	沈工大技术转让	小批量生产	叶片:惠腾、上玻院 齿轮箱:南高齿、重齿 发电机:常牵、兰电 控制系统:自制
		变桨变速(直驱)	2 000 kW/	自主研发	整机设计	
8	浙江华仪风电有限公司(民营)	变桨变速	1 500 kW/70 m/82 m	联合设计(德国 Aerodyn)	整机设计	叶片:上玻院、北玻院 齿轮箱:重齿、杭齿、南高齿 发电机:永济 控制系统:科诺伟业
		定桨定速	780 kW/50 m	自主研发	小批量生产	叶片:惠腾 齿轮箱:重齿 发电机:永济、株洲 控制系统:科诺伟业

续表

序号	企业名称及性质	机型	额定功率 叶轮直径	技术 来源	生产 状况	关键部件供应商
9	上海电气风电设备有限公司(国有)	变桨变速	1 250 kW/ 62 m/64 m	技术许可证,英 EU-ENERGYWIND,原德国 DEWIND	2 台样机已安装	叶片:惠腾,上海玻璃钢研究所 齿轮箱:南高齿、重齿 发电机:兰电 控制系统:Mita(丹麦)
		变桨变速	2 000 kW/ 87 m/93 m	联合设计 (德国 Aerodyn)	整机设计	叶片:惠腾,上海玻璃钢研究所 齿轮箱:南高齿、重齿 发电机:上海电机厂 控制系统:上交大、上海自动化研究所
10	南通锴炼风电设备有限公司(民营)	变桨变速	2 000 kW/ 82 m	自主研发	已有 1 台样机	叶片:自制 齿轮箱:重齿 发电机:兰电 控制系统:清华大学、景新电器
11	北京国晶电气制造有限公司(民营)	变桨变速	1 300 kW/ 62 m	自主研发	已有 2 台样机	叶片:LM 齿轮箱:北重 发电机:自制 控制系统:自制

续表

序号	企业名称及性质	机型	额定功率 叶轮直径	技术 来源	生产 状况	关键部件供应商
12	哈尔滨风电设备股份有限公司（国有）	变桨变速（直驱）	1 200 kW/ 57 m	自主研发	1台样机已安装	叶片：哈尔滨庆缘电工材料有限公司 发电机：哈尔滨电机厂 控制系统：自制
13	广州英格风电设备制造有限公司（民营）	定桨定速	750 kW/ 48 m	自主研发	已有2台样机	叶片：惠腾 齿轮箱：重齿 发电机：株洲、永济 控制系统：科诺伟业
14	内蒙古汇全环保动力有限公司（民营）	定桨定速（永磁高速）	750 kW/ 50 m	自主研发	已有1台样机	叶片：惠腾 齿轮箱：重齿 发电机：自制 控制系统：包头爱能
15	广东明阳风电技术有限公司（民营）	变桨变速	1 500 kW/ 77 m/83 m	联合设计（德国 Aerodyn）	正在试制样机	叶片：北玻院 齿轮箱：Jake（德国） 发电机：VEM（德国）、兰电、株洲 控制系统：中山市明阳电器有限公司

续表

序号	企业名称及性质	机型	额定功率叶轮直径	技术来源	生产状况	关键部件供应商
16	北京北重汽轮电机有限责任公司(国有)	变桨变速	2 000 kW/80 m	技术许可证(英国EUENERGYWIND，原德国DEWIND)	正在试制样机	叶片:惠腾 齿轮箱:南高齿 发电机:自制 控制系统:EUENERGY
17	湖南湘电风能有限公司(中日合资)	变桨变速(直驱)	2 000 kW/72 m/82 m	技术许可证(日本原弘产收购荷兰Zephyros)	已有2台样机	叶片:惠腾、LM、日本JSW 发电机:湘电 控制系统:GARRADHASSAN、北京景新
18	哈尔滨哈飞威达风电设备有限公司(中芬合资、外方控股)	变桨变速(半直驱)	1 000 kW/56 m/60 m	芬兰WINWIND	已有1台样机	叶片:EUROS 齿轮箱:Metso 发电机:ABB 控制系统:Mita(丹麦)
19	瑞能北方风电设备有限公司(中德合资、外方控股)	变桨变速	2 000 kW/82 m	德国Repower公司	正在试制样机	叶片:LM 齿轮箱:进口 发电机:进口 控制系统:Bachmann(德国)
20	广西银河艾万迪斯风力发电有限公司(中德合资、中方控股)	变桨变速(直驱)	2 500 kW/m	艾万迪斯	正在试制样机	叶片:未知 发电机:未知 控制系统:未知

续表

序号	企业名称及性质	机型	额定功率 叶轮直径	技术 来源	生产 状况	关键部件供应商
21	通用电气能源(沈阳)有限公司(美国独资)	变桨变速	1 500 kW/ 70 m/77 m	美国 GE	批量生产	叶片:天津 LM 齿轮箱:弗兰德(天津) 发电机:弗兰德(天津) 控制系统:上海惠亚电子公司
22	歌美飒风电(天津)有限公司(西班牙独资)	变桨变速	850 kW/ 52 m/58 m	西班牙 Gemesa	批量生产	叶片:自制 齿轮箱:自制 发电机:淄博牵引电机公司 控制系统:自制
23	维斯塔斯风力发电设备(中国)有限公司(丹麦独资)	变桨变速	2 000 kW/ 80 m/90 m	丹麦 Vestas	叶片批量生产,总装正在准备	叶片:自制 齿轮箱:未知 发电机:未知 控制系统:自制
24	苏司兰能源(天津)有限公司(印度独资)	变桨定速(主动失速)	1 250 kW/ 64 m/66 m 1 500 kW/ 82 m	印度 Suzlon	1 250 kW 已批量生产	叶片:自制 齿轮箱:弗兰德机电 发电机:自制 控制系统:自制

注:数据截至 2007 年 7 月 31 日,引自中国风力发电信息网。

参考文献

[1] World Wind Energy Association(WWEA). World Wind Energy Report 2008. Germany,2009.

[2] 施鹏飞,等. 中国风电统计(2008). 风能@中国网,http://www.windpower-china.cn/.

[3] 施鹏飞,等. 中国风电统计(2007). 风能@中国网,http://www.windpower-china.cn/.

[4] 李俊峰,高虎,等. 中国风电发展报告(2008). 北京:中国环境科学出版社,2008.

[5] 贺德馨. 我国风能利用现状. 太阳能,1999(4):16-18.

[6] 贺德馨. 在中国西部开发利用风能的建议. 学会月刊,2001(1):6-8.

[7] 施鹏飞. 风力发电的现状和前景. 国际电力,1997(4):11-16.

[8] 施鹏飞. 我国风力发电前景. 太阳能,1999(4):19.

[9] 施鹏飞. 21 世纪风力发电前景. 中国电力,2000,33(9):78-84.

[10] 施鹏飞. Progress and Trends of China Wind Power. Electricity,2002,13(4):40-42.

[11] 施鹏飞. 从世界发展趋势展望我国风力发电前景. 中国电力,2003,36(9):54-62.

[12] 施鹏飞. 风力发电的进展和趋势. 中国电力,2002,35(9):86-90.

[13] 李俊峰. 风力 12 在中国. 北京:化学工业出版社,2005.

[14] 顾为东. 利用风能资源开发苏北滩涂. 江苏工学院学报,

1986(9):82-87.

[15] 顾为东.中国风电产业发展新战略与风电非并网理论.北京:化学工业出版社,2006.

[16] 朱俊生,施鹏飞.发展我国风电产业应重视的几个问题.中国经贸导刊,2006(5):35.

[17] 施鹏飞.2007年中国并网风电迅猛发展.中国科技投资,2008(4).

[18] 施鹏飞.中国风电场发展现状与政策.中国建设动态(阳光能源),2005(6):5-6.

[19] 贺德馨.对中国风能产业的思考.高科技与产业化,2008(7):25-27.

[20] 贺德馨.风电企业担负风电设备大任.现代零部件,2007(6):22-25.

[21] 贺德馨.实现中国风能产业持续发展.现代零部件,2007(6):30-32.

[22] 周鹤良.加快发展新能源.电气业界,2002(10):20-22.

[23] 周鹤良.我国风电产业发展的前景与策略.电气技术,2006(6):1-5.

[24] 周鹤良.我国风电产业发展的若干问题思考.变频器世界,2008(3):30-36.

[25] 朱俊生.加速中国可再生能源商业化能力建设项目.太阳能,2000(3):3-4.

[26] 朱俊生.中国新能源和可再生能源发展状况.可再生能源,2003(2).

[27] 朱俊生.国内外新能源和可再生能源发展现状.节能与环保,2001(4):33-35.

[28] 朱俊生,施鹏飞.加快我国风电产业的发展.节能与环保,2006(9):18-20.

[29] 施鹏飞,等.中国风电统计(1999—2006).风能@中国网,http://www.windpower-china.cn.

[30] 刘文强.对我国风电产业发展战略及政策措施的思考.可再生能源,2003(5):1-4.

[31] 庄幸.促进可再生能源发展的国家行动和政策.环境经济,2006(4):35-36.

[32] 芮晓明,康传明.对我国风电产业发展中存在问题的分析与思考.太阳能,2005(6):17-20.

[33] 胡其颖.风电五强各具特色的发展模式.太阳能,2005(4):18-21.

[34] 方永,胡明辅.风电发电的现状与进展.可再生能源,2007(4):58-60.

[35] 徐孝纯.关于我国发展风电的现状和预测.技术经济与管理研究,2005(6):12-13.

[36] 徐凯.国内外风力发电现状及发展趋势.中国高新技术企业,2007(13):77-78.

[37] 顾为东.大规模非并网风电产业体系研究.中国能源,2008(11):14-38.

[38] GWEC. Global Wind 2008 Report. http://www.gwec.net/index.php?id=28.

[39] 全球风能协会秘书长苏思樵谈世界风电发展经验. http://blog.sina.com.cn/s/blog 48f4c250100bvs8.html.

[40] 郑照宁,刘德顺.中国风电投资成本变化预测.中国电力,2004,37(7):77-79.

[41] 谢建民,曾建成,邱毓昌.风力发电成本主要影响因素分析与计算.华东电力,2003(1):6-8.

[42] 包能胜,蔡佳炜,倪维斗.风电与燃气轮机互补系统发电成本敏感性分析.燃气轮机技术,2007,20(7).

[43] 王正明,路正南.风电项目投资及其运行的经济性分析.可再生能源,2008,6:21-24.

[44] 雷亚洲,王伟胜,印永华,等.风电对电力系统运行的价值分

析.电网技术,2002,26(5):10-14.
[45] 周双喜,王海超,陈寿孙.风力发电运行价值分析.电网技术,2006,30(14):98-102.
[46] 朱祚云,孙建刚,等.风力发电对上海电网的影响.上海电力,2007(1):30-33.
[47] 李才华,罗鑫,张粒子.完善可再生能源电价机制的设想.价格理论与实践,2007(5):31-32.
[48] 罗鑫,张粒子,李才华,等.可再生能源电价制度下的风电市场分析.价格月刊,2007(5):65-67.
[49] 王正明,路正南.我国风电上网价格形成机制研究.价格理论与实践.2008(8):54-55.
[50] Tirole J.产业组织理论.北京:中国人民大学出版社,1997.
[51] 王正明,路正南.江苏风电产业发展战略分析及政策取向.科技管理研究,2008(8):95-98.
[52] 中国气象局.中国风能资源评价报告.北京:气象出版社,2006.
[53] 欧洲风能协会.风力12.中国资源综合利用协会可再生能源专业委员会绿色和平中国,编译.北京:中国环境科学出版社,2004.
[54] 胡其颖.风能利用的发展预测.可再生能源,2005(6):75-78.
[55] 廖永进,王力.火电厂烟气脱硫装置成本费用的研究.电力建设,2007(4):82-86.
[56] 李继峰,张阿玲.我国新能源和可再生能源发展预测方法研究.可再生能源,2004(3):1-4.
[57] 侯先云,王锡岩.战略产业博弈分析.北京:机械工业出版社,2006.
[58] 胡其颖.风电五强各具特色的发展模式——兼谈对我国风电发展的几点建议.太阳能,2005(5).
[59] 国家发改委.发改价格〔2007〕3303号,〔2008〕1876号文件.

[60] 金敏，王涛，王松平，等．如东第二风电场二期工程可行性研究报告（审定稿）．杭州：中国水电顾问集团华东勘测设计研究院，2006(10).
[61] 路正南，王正明，等．江苏风电产业发展的市场前景分析及对策研究报告．2008，8.
[62] 吕学都，刘德顺．清洁发展机制在中国．北京：清华大学出版社，2004.
[63] 何军飞，等．风力发电清洁发展机制项目案例分析．中国电力，2006(9).
[64] 董铸．中国风力发电清洁发展机制项目开发建议．中国电力，2006(9).
[65] 张斯迪，等．风力发电技术经济分析及对策．郑州航空工业管理学院学报：社会科学版，2005(6).
[66] 刘宏．我国风力发电发展中的问题与对策．林业勘察设计，2007(1).
[67] 郭洪波，等．完善我国风力发电政策的思考．可再生能源，2006(1).
[68] 王正明，路正南．风电成本构成与运行价值的技术经济分析．科学管理研究，2009(2).
[69] 顾为东．非并网风电对中国风电发展的影响与前景分析．上海电力，2007(1)：11-17.
[70] 顾为东．大规模非并网风电系统开发与应用．电力系统自动化，2008(10)：1-9.
[71] 李俊峰，时璟丽，王仲颖．欧盟可再生能源发展的新政策及对我国的启示．可再生能源，2007(6)：1-3.
[72] 李俊峰，时璟丽，宋彦勤．欧盟风电产业的发展及对我国的启示．可再生能源，2008(1)：5-8.
[73] 李俊峰，王仲颖，梁志鹏，等．我国未来可再生能源开发利用的战略思考．中国能源，2004(3)：4-10.

[74] 李俊峰,王仲颖,宋彦勤.发展风力发电产业要有新思路.可再生能源,2001(1):5-8.

[75] 时璟丽,李俊峰.《可再生能源法》制定的背景和基本思路.上海电力,2005(6):551-553.

[76] 李俊峰,时璟丽.支持可再生能源发电新思路——《可再生能源发电价格和费用分摊试行管理办法》解读.建设科技,2006(3):9-11.

[77] 王仲颖,王风春,等.我国可再生能源发展思考.高科技与产业化,2008(7):16-19

[78] 李俊峰.可再生能源发展状况与立法.阳光能源,2005(4):38-41.

[79] 李俊峰,时璟丽.可再生能源:07 回顾与 08 展望.中国科技投资,2008(3):40-42.

[80] 李俊峰.可再生能源持续发展.电气时代,2008(12):76.

[81] 李俊峰,时璟丽.可再生能源发展的制度保证.建设科技,2005(12):12-13.

[82] 路正南,王正明.现代经济环境下的自然垄断产业及其边界.技术经济,2006(9):38-41.

[83] 李俊峰,时璟丽.国内外可再生能源政策综述与进一步促进我国可再生能源发展的建议.可再生能源,2006(1):1-6.

[84] 李俊峰,时璟丽,王仲颖.大力推进可再生能源的发展.可再生能源,2006(12):20-23.

[85] 王仲颖,时璟丽,李俊峰.《可再生能源法》与我国的风电发展战略.阳光能源,2005(12).

[86] 李俊峰,马玲娟.低碳经济是规制世界发展格局的新规制.世界环境,2008(2):17-20.

[87] 周振华.产业政策的经济理论系统分析.北京:中国人民大学出版社,1991.

[88] 韩东,王先甲,王广民.一种配电服务管制价格形成机制模

型设计.华东电力,2006,34(12).
[89] 刘小玄,赵农.论公共部门合理边界的决定.经济研究,2007(3).
[90] 吴盛光.公共资源市场配置:理论基础、风险分析及路径选择.厦门特区党校党报,2008(1).
[91] 刘树杰,杨娟,陈扬,等.核电价格形成机制研究.中国物价,2006(10).
[92] 朱莲,陈春林.基于随机需求的准公共产品定价研究.西安科技大学学报,2008,28(1).
[93] 吴浩军.论公共服务产品的价格形成及定价.财经界,2007(1).
[94] 杨校生.给风电一个合理的价格.中国电力企业管理,2004(10).
[95] 马昕,李泓泽.管制经济学.北京:高等教育出版社,2004.
[96] 芮明杰,刘明宇,任江波.论产业链整合.上海:复旦大学出版社,2006.
[97] 郁义鸿,管锡展.产业链纵向控制与经济规制.上海:复旦大学出版社,2006.
[98] 陈元千,胡建国,张栋杰.Logistic 模型的推导及自回归方法.新疆石油地质,1996,17(2).
[99] 白先春,唐德善.Logistic 模型的修正及其应用.南京工程学院学报:自然科学版,2004,2(2).
[100] 陈希镇.Logistic 模型中参数的估计.数理统计与管理,1999,18(6).
[101] 陆瑾.技术演化 Logistic 模型的扩展:多种技术创新演化的选择过程分析.价值工程,2006(5).
[102] 王军.进入退出、技术创新与产业演化路径的模拟分析.科技管理研究,2008(9).
[103] 叶金国,赵慧英,李双成.产业系统的演化模型与实证分

析.河北经贸大学学报,2004(5).

[104] 高洁,盛昭瀚.产品竞争的产业演化模型研究.中国管理科学,2004,12(6).

[105] 刘哲,孙林岩,孙雯.创新对制造业产业变迁的演化解释.软科学,2006,20(5).

[106] 叶金国,陈燕.我国能源产业系统的演化过程与混沌.数学的实践与认识,2005,35(8).

[107] Ariel Bergmann,Nick Hanley,Robert Wright. Valuing the Attributes of Renewable Energy Investments. Energy Policy, 2006(34).

[108] 刘宇红,刘志美.污染环境中两种群竞争模型的轨线研究.数学的实践与认识,2007,37(3).

[109] 钱省三,孟薇.产业群落中竞争关联的产业族群稳定共存机制.商业经济与管理,2007(1).

[110] 吴萁高.2000～2005年全球风力发电发展迅速.水利水电科技进展,2007(3):41.

[111] 顾为东.中国风能利用潜力及江苏沿海风力发电的前景.宏观经济研究,2006(4):44-47.

[112] 周鹤良.我国风力发电产业发展前景与策略.电气技术,2006(6):1-6.

[113] 时璟丽.中国风力发电价格政策分析研究报告摘要.中国建设动态(阳光能源),2007(1):61-62.

[114] 李建春.科学发展风力发电事业的思考与建议.内蒙古电力技术,2007(6):1-3.

[115] 时璟丽.促进风电产业发展的法规政策与建议.中国科技投资,2008(4):24-26.

[116] 祁和生.我国风力发电机组总装企业现状.中国科技投资,2008(1):61-64.

[117] 贺寿天.开发风电产业实现和谐发展.群众,2008(1):

38-39.

[118] 吴庆广.中国风力发电公司融资模式探讨.环境科学与管理,2008(1):184-186.

[119] 闫晓梅.我国风电产业投融资战略选择.合作经济与科技,2008(5):42-43.

[120] 张伟平,邬滢,杨柳,等.风力发电政策安排及农发行信贷政策取向.农业发展与金融,2008(1):47-49.

[121] 闫凌宇.国内风电产业概况和存在问题的初步分析.电器工业,2008(8):12-14.

[122] 熊锦民.我国风力发电产业发展现状及展望.科技创新导报,2008(6):132-133.

[123] 李伟东,吴东娟.2000—2007 风力发电设备市场评估及 2010 年综合预测.现代零部件,2008(6):50-55.

[124] 沈德昌.2007 国内外风电产业发展概况.太阳能,2008(4):11.

[125] 刘卫东.我国风力发电设备现状和发展趋势.现代制造技术装备,2008(4):1-22.

[126] 韩春福.国内外风力发电发展浅析.沈阳工业大学学报:自然科学版,2008(4):298-300.

[127] 施鹏飞.全球风力发电现状及发展趋势.电网与清洁能源,2008(7):3-5.

[128] 戴建军.政策引领风电之路——中外风电产业支持政策比较.国家电网,2008(10):88-90.

[129] 姚卫江.欧洲风力发电的启示.电网技术,2008(S2):276-278.

[130] 杨正位.丹麦风力发电的成功经验.建筑装饰材料世界,2006(7):46-49.

[131] 安飞.风电产业繁荣背后的隐忧.中国船舶,2008(10):72-76.

[132] 孙春顺,王耀南,李欣然,等.风力发电工程对环境的影响.电力科学与科学学报,2008(2):19-23.

[133] 郑有飞,白雪,等.风力发电对江苏省环境影响及对策初探.能源环境保护,2008(3):40-43.

[134] 魏伟.风力发电相关技术发展现状和趋势.电气技术,2008(12):5-12.

[135] 王超,张怀宁,王辛慧,等.风力发电技术及其发展方向.电站系统工程,2006(2):11-13.

[136] 赵永强,李俊峰,许洪华.风力发电技术发展现状与趁势分析.中国科技产业,2006(2):69-71.

[137] 李长春,丁立新,关哲,等.仿真技术在风力发电系统中的应用.电力科学与工程,2008(8):5-13.

[138] 张孟才.风能发电经济效益研究——葫芦岛市风力发电项目的启示.生态经济,2006(1):102-104.

[139] 王宏波.风险管理在风力发电项目中的应用.科技与管理,2007(3):47-51.

[140] 路正南,王正明.经济技术开发区可持续发展测评指标体系研究.科技进步与对策, 2007(3):116-119.

[141] 李明华,肖劲松.全球风电成本的初步分析.太阳能,2005(3):45-48.

[142] 张喜征.组织内不同群体间的知识整合研究.情报方法,2004(9).

[143] 张钢等.知识差异和知识冲突对团队创新的影响.心理学报,2007(5).

[144] 张钢等.组织中的知识冲突研究.科学学与科学技术管理,2007(1).

[145] Hart O. Firms Contracts and Financial Structure. Oxfod: Clarendon Press,1995.

[146] Hart O, Moore J. Poperty Rights and the Nature of the

Firm. Journal of Political Economy, 1990: 1119-1158.

[147] Hart O, Tirole J. Vertial Integration and Market Foreclosure. Brookings Papers on Economic Activity, 1990, Special Issue: 205-276.

[148] Perry M K. Vertical Integration: the Monopsony Case. American Economic Review, 1978, 68(4): 561-570.

[149] Perry M K. and Groff RH. Resale Price Maintenance and Forward Intergration into a Monopolisticlly Competitive Industry. Quarterly Journal of Economics, 1985. 100 (4): 1293-1311.

[150] Perry M K, Porter RH. Resale Price Maintenance and Exclusive Territories in the Presence of Retail Service Externalities. Department of Economics. State University New York at Stony Brook, 1986.

[151] Porter M E. Competitive Strategy. New York: Free Press, 1980.

[152] European Climate Exchange, http://www.europeanclimateexchange.com/index_flash.php, 15/01/2007.

[153] Nord pool, Nord Pool ASA-CO2 Allowances, http://www.nordpool.no/marketinfo/co2allowan-ces/allo-wances.cgi, 07/02/2007.

[154] Laffont, Tirole. Competition in Telecommunications. MIT Press, 2000.

[155] Brainard S L, Martmort D. Strategic Trade Policy with Incompletely Informed Policymarkers. Journal of Internatonal. Economic, 1997, 42.

[156] Pearce D, Stacchett E. Time Consistent Taxition by Government with Redisributive Goals. Journal of Economic Theory, 1997, 72.

[157] Collie D R. Bilateralism is good:Trade Blocs and Strategic Export Subsides. Oxford Economic Paper,1997,49.

[158] Kiminory M. Perfect Equilibrium in a Trade Liberalization Game. The American Economic Review,1990.

[159] Dockner E J,Haug A A. Tariffs and Quotas under Dynamic Duopolistic Competition. Journal of International Economics,1990,29.

[160] Dewateripont M,Maskin E. Contractual Contingencies and Renegotiation. Rand Journal of Ecnomics,1995,26.

[161] Satya P. DAS Oligopolistic Competitional Trade Quantity and Quality Restrictions. Journal of International Economics, 1989,27.

[162] Outrata J V. Necessary Optimality Coditions for Stackelberg Problems. Journal of Opti. Theory and Appl. (JOTA),1993,76(2).

[163] Rey P. , Seabright,J M Ramseyer, J S Wiley. Naked Exclusion. American Economic Review,1991,81(5).

[164] Posner R. Antitrust Law (The Second Edition). University of Chicago Press,2001.

[165] Rey P and Stiglitz. The Role of Exclusive Territories in Producers' Competition. Rand Journal of Economics, 1995,26(3).

[166] Acemoglu M f Zilibotti and P. Aghion. Vertical Intergration and Distance to Frontier. Journal of the European Economic Association,2003,1(2).

[167] Chemla G. Downstream Competition,Forcelosure and Vertical Intergration. Journal of Economics & Management Strategy,2003,12(2).

后　记

近年来，国际风电市场一方面风电装机容量增长迅速，另一方面增长空间还十分广阔。在我国，风电装机容量的扩张更是刚刚开始，增长余地和潜力都很大。但与此形成对照的是，国际风电设备市场上由于需求不断增长和现有产能不足而形成的整体供不应求的局面仍将长期持续，风电设备制造业必将成为影响风电产业进一步发展的关键。

从我国风电设备制造业的发展来看，我国目前涉足兆瓦级风力机的企业研发和生产的企业越来越多，许多企业已经开始批量生产，并且国内市场上国产设备的市场份额也在不断扩大，但这掩盖不了我国风电设备制造业关键零部件和核心技术受制于人的事实。决定我国风电设备制造业健康发展的关键，无论是学习起步较早的德国和丹麦的“自主创新”的模式，还是借鉴起步较晚的西班牙的“引进、吸收、创新”的模式，或者采用起步更晚的印度的“以开放市场来学习技术”的模式，根本在于最终能否形成具有自主知识产权的核心技术，这样才不会受制于人，才能有利于我国风电产业的长远发展。

就目前我国风电价格水平和风电投资成本的对比情况来看，风电投资的经济性并不明显。其原因一方面在于风电设备价格相对较高，严重制约着风电投资成本的下降；另一方面在于风电价格形成过程中，竞争行为扭曲导致风电价格相对较低，进而对风电产业的中长期发展形成制约。另外，风电政策不配套也是其中重要原因之一。

从风电产业演化模型仿真结果来看，我国累计风电装机容量的演化进程呈现出明显的成长性特征，在 2030 年之前都将保持 10%～30%的复合增长率。同时，随着风电规模扩张带来的规模经济性和技术扩散效应的综合作用，风电成本将持续下降，预计到 2015 年左右，风电成本可能与常规能源电力成本持平，风电投资的经济性得以改善的空间很大，风电产业具有很好的发展潜力。从风电项目运行的社会效应来看，在风电规模小于电网负荷 5%的情况下，风电并网的附加成本几乎为零，风电节能、减排的直接社会贡献会非常明显。即使在上网风电规模超过 5%而产生一定的风电并网附加成本时，但由于节约燃料的成本与减排的环境贡献都是随着发电量递增的，只要风电并网附加成本的增长速度不超过节约燃料成本与减排的环境贡献的增长速度，风电项目运行的社会效应都会十分突出。因此，对风电产业进行支持或保护是十分值得和必要的。

风电产业链演化仿真结果还显示，我国风电设备制造业在 2020 年之前都将是一个高速增长态势，年增长率将保持在 20%～50%。但到 2020 年以后，国产风电设备在国内市场的占有率将可能提高到 98%以上，这意味着国产风电设备必将与国际著名风电设备厂商展开更加激烈的竞争。

风电产业链的培育关键在于风电设备制造业的培育，风电产业的发展水平不是体现在装机容量的大小上，而主要体现在风电设备制造业的发展水平和竞争能力上，风电设备制造业的发展水平才是一个国家风电产业发展水平的指征。

继续加强对风电产业链的保护，除了进一步明确风电场建设过程中国产化率要求的实施办法，优化关税措施以提高现有保护措施的实施效果之外，还要持续深入研究 WTO 框架下风电设备制造业保护的新途径，特别是将单一的、直接的产品保护转变到技术和产品持续创新保护上来。我国可以借鉴丹麦、德国等国际风电领先国家通过组织和支持基础技术研发、示范项目以及提供优惠财税政策等手段，支持本国风电技术的创新；也可以借鉴德国的经验,持续支持具有一定规模的风电示范项目,在要求风电设备制造商和风电场运营商承担或配合开展风电机组测试评估工作的基础上,对这些项目的风电机组提供税收返还。

此外,风电产业的培育还要做好其他一系列的配套工作。例如建立健全风电技术标准和产品检测认证体系,坚持循序渐进的技术产品研发和产业化道路,建立技术标准和开展产品检测认证等,这些都是保证风电设备质量、防止出现技术及市场风险有效办法。特别需要关注风电设备的标准化和系列化,以保证质量,强化规模经济性。

在完善风电价格形成机制方面,应当看到促进常规电力生产外部成本内部化是形成合理风电价格的关键。风电价格是否合理,主要取决于整个电力价格体系中比价关系是否合理,电力生产的外部成本不能内部化是扭曲电力市场价格信号的根源所在。在常规电力生产外部成本尚不能内部化的现阶段,现实中的电力市场存在着强烈的负外部效应的情况下,实行价格补贴是现行合理风电价格形成的实质内容。不管风电价格管制的方法如何选择,其实质都应该是对风电价格进行补贴,其目标都应体现在增强风电产业的竞争能力,促进风电产业基础的建立,为完全市场化奠定基础上。

虽然风电价格在实质上更具有市场化的基础,但现实中又不具备完全市场化的条件。因此,完善我国风电价格形成机制的基本思路应该是:在坚持电力管制市场化改革取向的基础上,立足现实,放眼长远,明确目标,分阶段、有步骤地加以推进。对于近期而言,应立足于我国风电产业发展的实际,针对我国风电价格政策中的问题,以培育风电产业基础和提高风电产业竞争能力为目标,不断优化风电价格管制手段和措施,提高风电价格形成机制的科学性;对于长远而言,应认清构建完善的风电价格形成机制关键不是风电本身,而是常规电力生产外部成本的内部化,着力研究和推进以排放权交易制度为核心的节能减排机制的建立,在促进整个电力价格体系不断完善的过程中最终实现风电价格的市场化。

促进风电产业链的培育和发展，还要大力促进风电产业链的有效整合。从产业链整合的内在机理上分析，资产专业性越强的产业链，越是存在垂直一体化的动力和要求，垂直一体化生产是保障整个产业链零部件供应的重要途径。加强风电机组整机和零部件制造企业之间的深度协作，有助于快速建立合格零部件供应体系。

虽然我国风电设备制造业还处于发展初期，涉足风电设备生产的企业正处在不断分化过程之中，但应顺应风电产业链整合的发展趋势，加快制度创新的步伐，建立风电产业链有效整合的促进机制，以减少风电设备市场因盲目竞争而产生的不必要的效率损失。

从企业管理制度创新的角度看，应在产业链垂直整合的过程中重视企业文化的协调和融通、企业核心竞争能力的确定，以及解决企业规模过大带来的经营风险等问题。从政府规制创新的角度看，应在正确认识风电产业链整合的发展方向的基础上，积极推进产业链整合，创新风电产业服务体系，降低产业链一体化的交易成本，针对风电产业的发展特点，有效进行产业进入和退出规制，并在金融和财税政策上对风电产业的垂直整合提供必要的支持，鼓励风电设备制造企业以实现自主创新为目标积极开展对外重组兼并。

展望我国风电产业的发展，其成长空间和市场潜力是十分巨大的，我国风电产业还将在未来几十年中保持较快的增长速度，完全有可能成为世界风电产业发展的龙头。本书虽然对我国风电产业链的培育和发展问题进行了系统的分析研究，从理论上分析了风电产业链的演化发展的一般规律，阐释了我国风电产业链整合发展的一些特点，并在实际应用上分析了风电成本的构成因素，找到了一些制约风电产业长期健康发展的问题，但新产业的发展会遇到种种不确定性的因素，对其成长和发展的预测仅仅是对发生概率的预测。因此，这些研究只能说是为以后进一步的探索奠定了初步基础，风电产业的许多新发展，尤其是风电产业链进一步的整合演化问题，值得继续深入探讨下去。笔者十分愿意并非常期待用今后的时光继续跟踪风电产业链的发展，继续进行新能源产业的发展研究。